ちゃんと せな あかん

え

清水 菁花

駒 草 出 版

ちゃんとせなあかんぇ

清水菁花

はじめに

「えらいことになってきた、京都が乱れて飛び出しかけているのでは？」と、何か危機感を感じはじめた私の還暦。これではいけない。

書家として京都を拠点に活動している私ですが、ＮＨＫラジオでの京都リポーターや、コラムやエッセイの執筆、きもの愛好家代表としての京都和装産業振興財団での活動、地域の学校役員や、里づくり役員など、今まで書家以外の仕事も数々経験してきました。これらの経験を生かし、この本で、京都の歴史、京都人の生活、そして古き良き文化（食文化、きもの文化、京ことば、など）といった本当の京都の姿を伝え、より身近に、大きく深く、知っていただけるような参考書にすることができれば幸甚に存じます。

京都人はけっしていけずとちがいまっせ。どこの地域でも、親切な人、いけずな人はいやはります。ただ、この古都・京都に入って来るのだから、土足で踏み込まないでほしい。ものには順序、礼儀というものがあります。

〝いけず〟とか〝ぶぶ漬けの話〟など、今の京の街中では皆無に等しい。旧京都市内（洛中洛外図の洛中あたり）は、京都以外の資本力が蔓延《はびこ》り、街の風貌がすっかり変わってしまった。外からの観光客は、それを京都だと誤解している。これはえらいこっちゃ！

京都人は京の都の文化をそれぞれの形で現在に残し、守り、発展させてきました。

たとえば、きもの文化については、染めの室町、織りの西陣といわれます。

今はマンション通りになったり、古家アトリエ、工房とやらに変身しながら街の流れが急変していますが、きもの文化のなかにはまだ、日本の四季を感じる図柄、京友禅の手法が残されています。西陣織の中にはリヨンから伝わった織りの技術も改良されて残っており、そんな歴史にもまた、先人の営みを知らされます。

また、食文化については、毎月、月替わりのおやつの様に食べてきた各行事にまつわる普段の和菓子や、茶道の発展に伴う四季折々の美しいお銘のついた和菓子があります。これらを私は普通に体験し、身につけ、食し、京の街中をごく自然に過ごしてきたのです。

京都のつかみどころのない難しい文化論を、美術館、博物館で現物を見て感じるのもまたよし。また、私が当たり前のように経験してきた、京都の習慣や日常の中の素敵な部分を、この本でご紹介できればと思っております。

今は、洛北・大原・寂光院近くに庵を構え、楽しく仕事をしながら、大原の山里の日々の変化の中に息吹を感じつつ、京都—東京—大原をウロウロしている私ですが、本当の京都、普段の京都を京都ファンの皆様に少しでもお裾分けできれば、京都から一歩も出たことのない京・田舎者の私も少しはお役に立てたかなあ、と喜べる気がしています。どうぞ、今後ともよろしく。

清水　菁花

目次

ブックデザイン　株式会社 ベストナイン

第一章

今昔を生きる

伝統文化を世界から見直す

十数年ほど前から始めた大原竹紙づくりや、赤じその染織もいつのまにか本格的になり、書を組み合わせた丹後ちりめんのドレスなど、書をベースに京都の伝統文化の振興にかかわる仕事が増えた。でも実は、子供のころはこの伝統が窮屈で飛び出したかった。

父は西陣の伝統工芸士。長女の私は「親の言いなりに跡を継ぐのは嫌や」と、広い世界にあこがれ、そのあこがれを日本万国博覧会のコンパニオンで実現した。当時、書では二十歳で京展に入選し、英語も第一回英検に合格、着付けの資格も取り、どの道に進むか迷っていたところだったのだが、「これはいましかできひん!」と、万博の審査募集に挑戦したのだ。おかげで、世界の文化と人々に出会えたが、この体験が、京都(日本)の伝統文化を改めて見直すことにもなった。

それから、より自由に独創性を生かせる書家の道を選び、書の道をいちばん深く歩みながら、書の入り口を広げ、親しみを感じてもらう活動を展開。変体かなを現代かな使いにしたり、草書の漢詩を日本流の口語・現代遣いにしたり、近世・近代詩(大好きな中原中也の詩など)や、聖書の一節や京のわらべ歌、京ことばなどを作品にするなどの工夫をはじめる。

出る杭（工夫や挑戦）は時として打たれるが、出すぎた杭は打たれないので、私は信じたことはとことん研究して挑戦してきた。失敗しても、次に成功すればだれも文句はいわないのだ。工夫するということは、年齢に関係なく人が輝くいちばんの源。そして、不安も人の生きるエネルギー源。不安を解決するために工夫して頭を回転させていたら、気持ちは前向きになってゆく。

そんなふうに走り続けてきた私も、子宮がんと乳がんで二度にわたり手術を受けた。おかげさまで回復したが、病気以後、二〇〇パーセントノンブレーキの生き方から、〝よそ見〟や〝立ち止まる〟ことを学んだ。人生五十年時代なら、いま、二度目の人生を歩き出したところ。少しブレーキをかけながら、ゆとりある生き方を京都・大原の地で楽しんでいる毎日だ。

書道の道具。文鎮は漆塗り、筆置きは京焼・清水焼。

筆と便箋。

菁花用箋は、中国の本画仙で別注。

二十一世紀にも伝えたい

京都市中京区にある老舗旅館の「柊家《ひいらぎや》」。最近は外国人の宿泊者も多いこの宿。二〇〇七年の六月に、洋室のベッドルームに和紙を貼り「和」の空間を演出した。その天井は曲線を描き、和紙張り壁装に高度な技術が必要。そこで、私がいつも作品の依頼をしている、京表具伝統工芸士である井上利彦氏が担当した。彼には、個展の度に「半円屏風」を依頼している。その技は確かだ。十数年前、まだ三十代の彼が、従来の表具（軸や屏風…現代生活様式にあまり使われなくなった）のみでは伝統技術を継承できないと悩んでいた時に、私は出会った。新作を発表する度、彼に困難な注文をし、そして、彼がそれをやり遂げる。ふたりで「現代人への継承て大変やな」と話し合いながら。

今、その技が柊家を通して世界へ。この形が温故知新であり、〝伝える〟という形ではなかろうか。

京都市中京区にある老舗旅館、柊家。客室の天井の曲線が、職人技だ。

また、前述したが、私の父は西陣織の伝統工芸士だった。西陣織とは、「多品種少量生産方式」で、二十種類近い工程を経て、ひとつの織物ができる。西陣の強さの一因は、各部分の人々が自らの仕事にひたすら精を出す、その複雑多岐な分業体制にあり、その手間がそのまま製品のクオリティの高さとなっていた。しかし、その職人さんたちは、今や七十歳前後の伝統工芸士。高齢化し、後継者不足だ。コンピューターの出現も、職人さんたちが減少する原因となったのだろう。

このようななかで特に継承が難しくなっているのは、西陣織の国指定伝統的工芸品である十二品目のうち、「絣織《かすり》」と「本しぼり織」、「ビロード」の三種。「ビロード」は、約三センチの間に直径一ミリ、長さ五十センチの針金を五十本も織り込んで、あとで針金の通った部分の経糸を切って、なめらかな手触りと柔らかな光沢を出すという魅力的な絹織物で、ショール、椅子の布、下駄の鼻緒などに使われてきた。

私は西陣に育ててもらったので、何とか織りの文化を二十一世紀にも伝えてゆきたい。

そんななか、「西陣工房」は、西陣織会館のビルに京都市の支援を受けてつくられた。ここでは、プロの職人さんによる熟練の職人技を見ることができる。興味のある人は、体験もできるというシステムだ。「五百年以上の古い歴史を持つこの西陣織を絶やさぬように、若者の後継者を育て、伝統織を復活させるために、多くの人にこの工房で体験してほしい。そして、この和風文化のなかで職人作家が育ち、京都の西陣から世界へその技を発信してほしい。」との思いがある。西陣工房のテープカットには、私は、きもの愛好家代表として、父の手によってほどこされた西陣織の絣のお召しを着て、ビロードの鼻緒の桐下駄を履いた。

人の手と心が、経糸と緯糸となり、それらを組み合わせてできるこの織物は、いくらコンピューターを駆使してもできない温もりある織物。どのようにして二十一世紀へつないでゆくか、それが、大きな課題。

下駄に据えられる前の、色とりどりの鼻緒。

二〇〇七年四月に、平安女学院大学に、「国際観光学部」が新設した。より深く京都を学んだ上で、卒業後関係職に就き、京都を発展させてゆこうというのが学部の目的である。さあ、彼女たちの数年後の活躍が楽しみである。古い京の街に、二十一世紀の新しき息吹をどのように融合させてゆくか。粋な〝京女〟の誕生を期待する。

ビロードを織るのも、鼻緒を下駄に据えるのも、後継者不足の貴重な技術だ。

西陣ビロードの鼻緒の桐下駄、それに西陣お召しと帯。
この様に、ビロードに花柄を織り込む技術ももうない。とても貴重なものだ。

西陣工房

西陣織会館では、きものショーや主な資料の展示、直接伝統に触れることのできる体験教室などを開催し、京都の衣文化の伝統や和装の美しさを紹介している。「西陣工房」はこの中にあり、手織（丸帯・袋帯）や綴織などの実演を見たり体験したりすることができる。美しく染めあげられた無数の糸によって織り出されるあでやかな模様が、まるで魔法のような熟練の職人技によって生みだされる様子を見ることができる。

<西陣織会館 - 伝統産業見学施設>
住所／京都市上京区堀川通今出川南入　電話／075 - 451 - 9231
開館時間／午前9時～午後5時　入館料無料

偶然の出会いが生み出した芸術

創作活動や書を媒介とする交流、文化振興を創始するため、京都洛北大原の寂光院近くにSYOSHIN-ANを構えてから十数年を数える。SYOSHIN-ANができて一年になるころ、書作を和紙以外の紙やものに書きはじめた。そのうちのひとつに、一九九四年六月に完成させた「大原竹紙」がある。これは私が名付けたオリジナル竹紙で、大原の庵を囲む自然のなかでつくられている。

自作の大原竹紙。よく見ると、竹の繊維が見える。

竹紙との出会いは、今より二十数年前。大原竹紙を漉《す》いて、かれこれ十年以上になる。

ある日、街でたまたま見かけた絵画作品、竹紙に描かれたその素朴な色合いにひかれて店内に入った。書には白い紙しか使わなかった私だったが、ちょうどそのころ、和紙以外の紙で書作を試みたかったこともあり、書に合うような紙の厚みや大きさなどを細かくお願いし、注文して帰った。そして、その竹紙が、小説家の水上勉氏の工房（福井県小浜は越前の一滴文庫）でつくられていると知り、水上勉氏の生誕地である一滴文庫まで出かけた。そのとき、山と川に囲まれ、山水を利用した紙漉き、冷たく清い水のなかで漉かれる竹紙に深く心打たれてしまったのだ。この竹紙には、絵画は多く試されていたが、「書」のみの作品を見たことがなかった。先駆的な試みとしての楽しさがあった反面、その竹紙の素朴さをどう生かすか、かなり悩みもした。最終的には、漉き手の女性に許しを得て、竹紙を漉く技を継承させてもらえることになったのだ。

それはちょうど、大原に居を構えたころで、大原の環境が一滴文庫の環境に似ていたことが、私を勇気づけた。

山あり、川あり、涌き水あり、そして竹がある。

小浜から大原へ場所を変えてつくられた、わが「大原竹紙」に自ら書作することで、多くのことを発見した。そのうちのひとつは、とても味わい深い線が出ることだ。この味は、大原竹紙をつくる工程のなかにある。

竹林に入り、竹の皮を拾い集め、工房に持ち帰り、きれいに洗う。水は、地下三十メートルから湧きいづる、わが家の天然地下水。鉄分を多く含んでいるためか、飲むととても美味しい。その水を使いながら竹の皮を煮て、石臼で打ち、攪拌《かくはん》し、特製の木枠で漉く。枠ひとつに一枚しか漉けないので、必要枚数分の枠を要する。そして最後に、天然の太陽の下で日陰干しをする。その際の気温と湿気との関係もまた、竹紙を紙らしく表現するのに大切。

それ以上に漉き方にコツがある。和紙の漉き方とは少し異なり、打ち伸ばされた竹の皮の繊維が大原の天然水と混ざり、それを漉くときのタイミングが紙の厚さを平均的にしたり、不揃いにしたり、まったくダメにしたりする。ただ幸いなことに、何度かやり直しがきく。試行錯誤を繰り返しつつ、熟達し熟練者になると、常にきちんと漉けるのだ。

あの日、街角でふと出会った一枚の竹紙が、書家の私にこんなにも楽しさを広げてくれることになろうとは。出会いにはいろいろあろう。

人との出会いを語れば、本にできるほどのエピソードがあるが、「人」と「物」と「伝統文化」が出会う、そんな偶然の素晴らしさをこれからも期待して、日々、過ごしてゆきたいと思う。

大原竹紙。材料や漉き方によって色々な紙ができる。

文化と歴史の違いから

　京都の個人美術館で、かわいいお雛様を発見したことがある。京都の人形師、雛屋次郎左衛門が作り出したといわれ、唯一「雛屋次郎左衛門雛」はお顔がピンポン玉みたいにまんまるで大変かわいらしい。江戸時代、中期に江戸の日本橋で売り出したところ、丸く愛らしい顔立ちが人気を集めて大流行し、当時の川柳にも歌われている。引目、鉤鼻が京風のにおいを残し、三十年余りヒットしたそう。

　お雛様の飾り方は江戸と京都では異なり、京都では子供の頃から向かって右が男雛、左が女雛と教えられてきた。しかし、江戸、関東では反対。昔は、公家文化と武家文化の違いがあり、それがよかった。しかし今では、全国統一され、その風習が薄れている場合もあり、京文化を主張する（誇りに思う）私にはちょっと悲しいことだ。

　また、元旦から十五日までお祝い箸を使って食事するが、お正月の祝い箸にも関東と関西では違いがある。

　関西では、柳箸。お祝い用で折れることを嫌う風習から丈夫で折れにくい柳（九州北部や山口県ではお雑煮用の栗枝箸がある）を使用する。柳の祝い箸は両端が細く、真ん中あたりが太い丸箸で「両口箸」とも言う。これは一方を神様が、一方を人が使う〝神人共食〟を意味しているのだ。中ほどが太くなっているのは、太箸、俵箸、ハラミ箸と言い、五穀豊穣と子孫繁栄を表す。

お箸を入れる祝袋は、関西ではお箸を下から入れ、関東では上からお箸を入れる。箸袋には、家族銘銘の名前が書かれ、元旦の朝祝い膳の用意ができたら、一家の主人の音頭で「おめでとさんどす」の挨拶を交わす。

そして、元旦のお雑煮は、京都では白みそ仕立て。我が家は白くて丸いお餅にかつお節だけだったが、それは京都でも各家により異なる。でも私はおすましも好きだから、二日目は焼いたお餅にねぎを入れた関東風のお雑煮を食べる。そうして、各伝統行事が京の文化と共に生活のなかではじまってゆくのである。

何気ない日常の生活だが、われわれはどっぷりと歴史と文化のなかで暮らしているのだ。

生き続ける京都文化

歴史に残る文化を知る、五十年に一度きりの「北野天満宮大萬燈祭」。平成十四年は、菅原道真公が亡くなられ、神様になられてから千百年。本殿の修復が完成し、後世に向けて創建以来続いてきた伝統文化を次世代へつないでゆく、「千百年大萬燈祭」が行われた。

催しのなかのひとつ、「速水流献茶祭」。速水流は江戸時代後期、速水宗達によって創始された流派。当時の江戸末期の文化の乱れを正し、「わび」「さび」に「雅」を加えた「和敬静寂」を理念とし、新しい精神的内容と作法を伴ったものとして、公家、武士、一般庶民にまで広まった。

さらに、「舞楽」が奉納される。雅楽は本来、日本の宮中に属する人、神社仏閣に仕える人、雅楽専門家によって演奏されていた。しかし、一八七三年（明治六年）、雅楽に関する制限が解かれ、誰もが雅楽を演奏することが可能となった。それから、この伝統芸術を維持するため、京都では市比売《いちひめ》神社の宮司が雅楽を教えはじめ、一九六八年には現在の宮司が文化遺産として雅楽を研究し、継承をはじめた。

このようにして、京都文化は生き続けている。そして、次世代へしっかりと受け継がれてゆくことだろう。

©R.CREATION/SEBUN PHOTO/amanaimages

第二章

京都ときもの

きもののの楽しみ方

女性から見る女性のきもの

若い人がレトロファッションとして、大正や昭和初期のきものを今風にうまいこと着こなして歩いたはる。ええ傾向やけど、だらしなく見える着こなしもある。きものは直線裁ちの直線縫いなので、着たときにその線の美しさが際立ち、やわらかい雰囲気のなかにきりりとしたものが存在する。しかし、ときどきおしゃれと称して若い女性が、曲線の多い装飾品をじゃらじゃらとつけている。直線の美しさにその装飾品が目立ち、「きりり」と「じゃらじゃら」が喧嘩してしまっている。せめて装飾品はひとつ、ふたつにしてほしい。（でも、本当は装飾品なんて嫌い！）

きもの大好きの私も、レトロには賛成。

私の母や祖母のきものは五十〜八十年の年月が流れ、西陣お召し、紬《つむぎ》、銘仙などぎょうさんあるけど、生地が弱って、引っ張ると裂けたりしてしまう。そこで仕事用に腰から下の部分は切って、袖は元禄の小袖風に仕立て直す。もったいないという人もいるけど、着いひんかったら、なおさらもったいない。おかげで、思い出の品をいつも気軽に身につけて、人から「おしゃれですね」といわれ、ひとりほくそ笑む。

また、私は最近、かんざしをおしゃれに活用する。ショートヘアにして以来、かんざしの登場がなくなりとても残念に思っていたが、ふと、帯の間に入れて根付け代わりに使ってみることを思いついたのだ。明治・大正・昭和初期の、今でいうレトロなものもたくさんある。こういう工夫は、昔ながらといわれる和装文化の中にありながら現代的なおしゃれである。正式なきもののしきたりにはそぐわないかもしれないが、気楽なお出かけ、気の合う仲間との食事会などでは、こんな、部分的にチラと見せる遊びの美学もあるのではないか。そんなことを楽しめるのがまた、きものの魅力だと改めて思う。

きものはあくまでも正しく、が信条だが、こんなふうに粋なおしゃれ遊びもできるところが魅力的。そして、こんなきもの遊びを手伝ってくれる人や店が、京都にはまだまだたくさんある。温故知新。外見のかたちはくずしても、使っているものや、人間の中身は〝ほんまもん〟でありたい。

西陣お召し絣《かすり》の羽織を仕立て直した
小袖風の作務衣と、男物羽織を
リバーシブルにして。
京都ブライトンホテルにて、待ち合わせ。

レトロな柄のきものや、小物を上手に使ってたのしむ。

きもの遊びを手伝ってくれる人や店が、京都にはたくさんある。

きものの楽しみ方

女性から見る男性のきもの

お正月になると、ひと昔前は男の人もウールのアンサンブルのきものを着て、氏神《うじがみ》さんに初詣に行ったものである。特に、若い青年たちが着ていたことを思い出す。近所の仲良し同士など、女性も同じようにウールのアンサンブルを着たり、小紋を着て気楽に新春を迎え、家でおせちを囲んだものだ。

若いころ、たまに見るボーイフレンドのアンサンブル姿をとても粋に感じたことを覚えている。普段は学生のラフなスタイルばかり。お正月にふと、仲間が集まる麻雀の席にきもの姿で来られると、ハッとさせられることもあった。

また、紬のアンサンブルは、お茶会にも行ける。羽織にひとつ、陰紋《かげもん》を入れておくと、どんなお席でも慌てることがない。また、おしゃれも楽しめる。京都では、大きな行事としての格式高いお茶席から、小さな社寺で行われる月釜などがあり、殿方もそれぞれの会できものを楽しめる機会が多い。

気楽な月例会などに着慣れた姿を演出したい人には、お召しの組み合わせをおすすめする。お召しの一大生産地は、京都・西陣だ。

男物の、きもの選びは楽しい。微妙な色合いが多く、吟味して組み合わせの妙を追求したいが、最初はアンサンブルで無難にまとめるほうがよい。でも、ちょっと小物も楽しみたい。履物や袋物は、きもの姿を引き立てる魔法の小道具。気を入れて似合うものを見つけたい。

きものが日常着だった江戸時代半ば以降、派手に装う町人に対して何度も幕府から出された絹着用の禁止や、贅沢な染色の禁止などの「奢侈《しゃし》禁止令」をかいくぐって、見えないところ、たとえば、羽織の裏地などに贅を尽くした。そういう反骨精神が粋な遊び＝美意識に変貌したのではなかろうか。

伝統はいつの世も、改革の継続である。その根底にある一二〇〇年の都の文化が、京の街には流れている。伝統を大きく留め、何かのかたちにして表し、残していくことこそ、伝統を守ることではなかろうか。〝攻撃は最大の防御〟である。

気軽に着られるウールからはじめてみては…。

お食事会などにさらっと紬で出かければ、注目度アップ。

季節のきもの

冬、陽だまりを心待ちに

寒い冬だが、この時期のきものほど裾の温かさを知ることができるものはない。何かと行事の多い新春、新年賀詞交歓や初釜など、ご挨拶としてのきものは、さて、何にしようか……。やはり新年らしく松竹梅のひとつ、竹の柄はどうだろうか。古典の中にも現代的な構図の取り方で描かれた一枚。それにギリシャ模様の袋帯なんかを合わせる。ミスマッチだがどちらも古典的という共通点は押さえているのだ。それがまた、モダンな雰囲気を漂わせておしゃれである。

新年初の茶会である初釜《はつがま》には、いつも朝から夕方までの長時間にわたる格式ある場に出向く。炭手前から始まる本格的な速水流の初釜に、毎年心新たに寄せていただき、凛然とした茶室での高い格調を味わう。お家元のお手前を拝見しつつ、茶道の精神をより深く学ばせていただく。さてさて、毎年何を着ようかと悩むのがまた、苦しくも楽しいひとときである。初釜には、一度着たものは二度と着ないというのが、私の初釜に対する礼儀。という勝手な理由で毎年新調する結果になるのだ。座った時の裾模様が相手に見えるのが、私の新年の挨拶。だから毎年、柄選びにあれこれと悩む。

おめでたく、竹の訪問着も大好き。

ギリシャ模様の袋帯。
ミスマッチながらも伝統のある絵柄。

気の引き締まる初釜が過ぎると、二月は北野天神さんの梅花祭。久々に、花柄の小紋に袖を通す。子どものころは、遊び場であった天神さんである。寒梅の香りが漂うなか、英語指導する生徒たちの合格祈願をお詣《まい》りしておこう。

内外ともに春を待つ喜び。

三月には雛祭り。いくつになっても、女の人はかわいい雛飾りが大好きである。春を待つ女心を表した、かわいらしい桜のお召しの小紋を着て出かけよう。ほのかなピンク色の無地のしゃれ袋帯など似合いそうだ。

春よ来い、早く来い。

かわいらしい桜の模様。

初釜で着てゆきたい梅の色留め。

季節のきもの

春のたしなみ

京都・大原に住まいを移してからは、春を待つ気持ちが改めて大きくふくらむようになった。春の訪れを告げる蕗《ふき》の薹《とう》、モロコ、そして桜、新緑へ。この春の訪れがはっきりと聞こえてくるのが、この大原の里のよいところ。里の人たちは春を引き寄せるように、蕗の薹味噌をつくり、琵琶湖からのモロコの炭火焼きや天ぷらをいただき、視覚と香りで春を満喫する。

春、花が咲き出し、楽しい音楽会にあちこちから誘われる。そんな時、自分の書作したきものに、素敵な猫の音楽会の帯をしめて出かけたい。楽譜や音符とかわいいネコが散らされた帯は、しめるときからワクワクしてしまう。こんな帯を見つけたときには、躊躇《ちゅうちょ》しないこと。なかなか出会えないものだから。そこに、会津塗りの帯留めをしよう。私の大好きな真っ赤な色の帯留めだ。美術館のショップで偶然見つけ、たちまちとりこになってしまった。こういうときも、やはり決断して買うべし。出会いは人だけではなく、きものも小物も大事にしたい。きものと帯との組み合わせを楽しむだけでなく、このような小物類でも楽しめるのがきものの魅力だ。

　小物といえば。毎月一度、東京で書道教室の指導をしているが、その帰路、ちょっと時間ができたので寄り道をした。浅草の仲見世を歩いていると、もう亡くなられた有名職人手づくりの、十八金の根付けを見つけた。きもの用の時計につけて帯へさすと、歩くたびになんとも心地よい、やらかい（やわらかい）音色が胸元でちりちりと鳴る。和服にぴったりなデザインと音色。わずかなひととき、私だけが味わえる隠れた贅沢だ。こういう遊び心がなんとも粋で楽しいから、私は小物も大好きだ。

　こんなふうに、旅や仕事で出かけることが多い私は、いつもきものの世界から離れられない。

ビーズ作家の友人からもらったふくろう帯留めと、仲見世で購入した鈴。

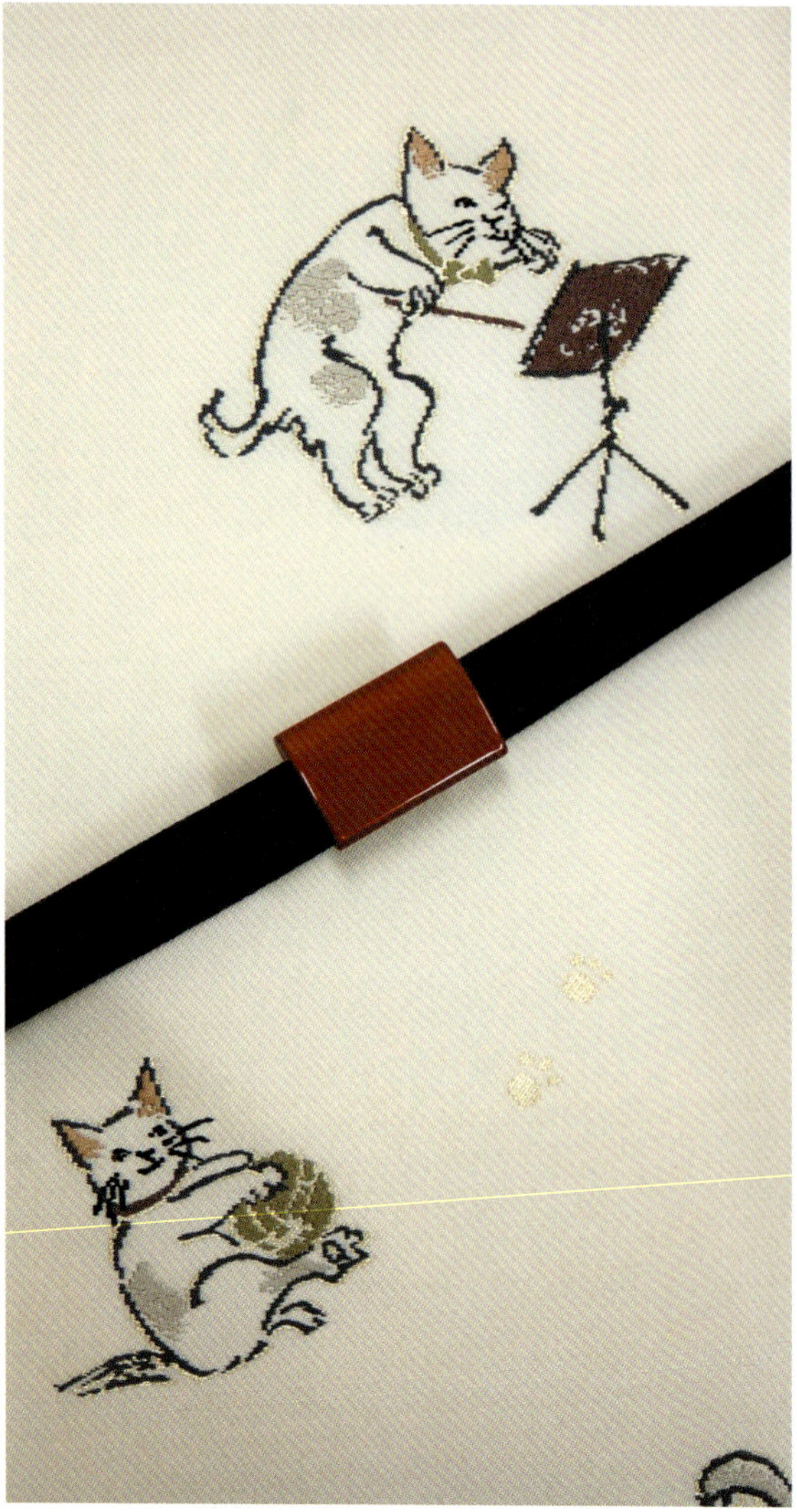

白い帯に美術館で出会った帯留めと合わせて。
気持ちがうきうきしてくる。

猫の帯のアップ。かわいらしい図柄がお気に入り。

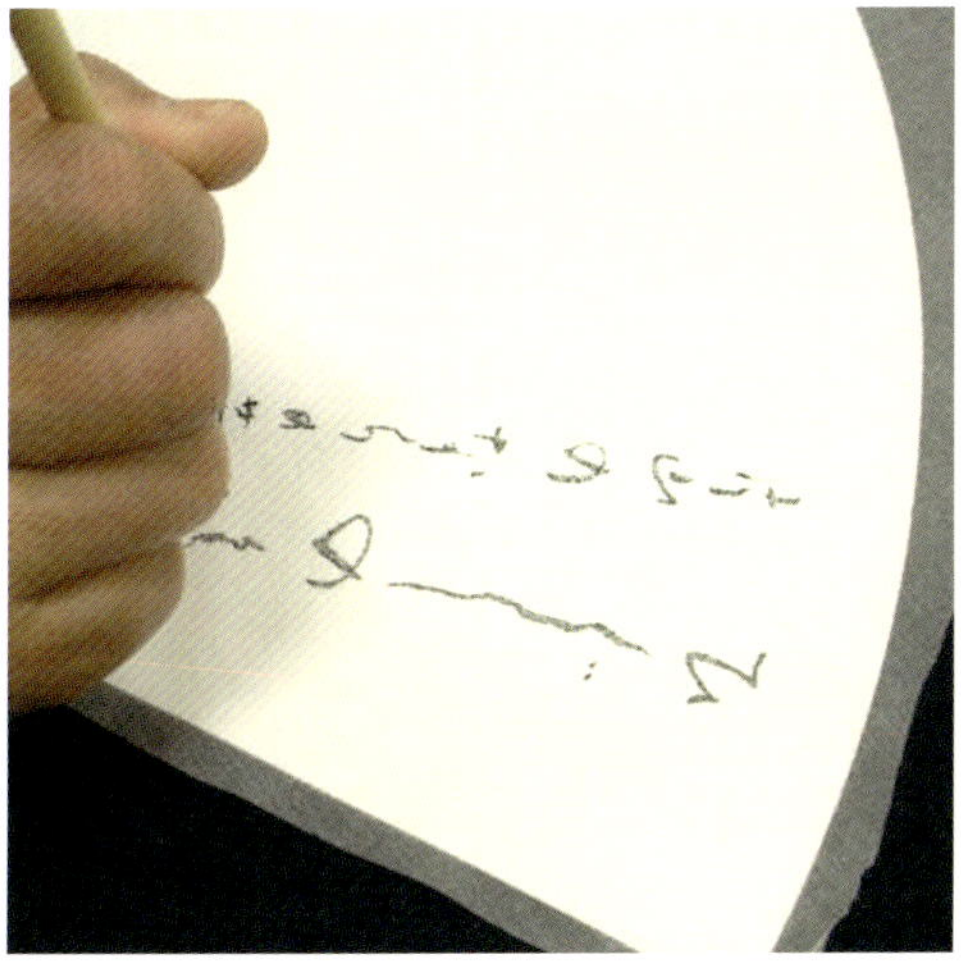

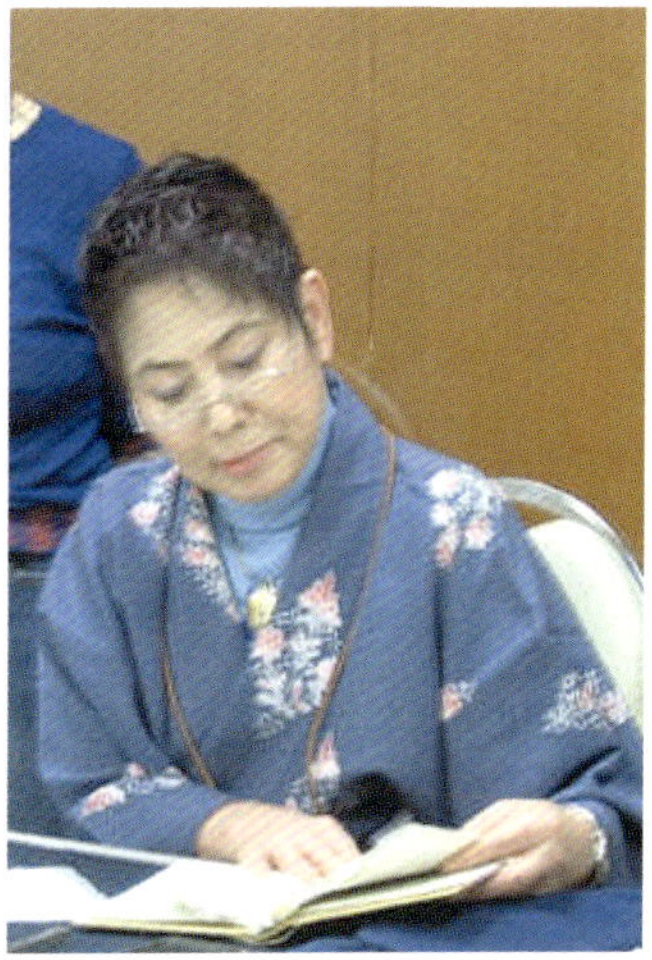

毎回、アットホームな雰囲気で和気あいあいと行われる書道教室。

書道教室

東京駅の目の前に、京都の情報を知ったり、京都の物産を買うことができる「京都館」がある。京都館では毎月、セミナーや体験教室を行っており、おもしろ京都塾のひとつとして、男性専科の「京より書道文化のほっこりタイム」や、楽しく書道を学ぶことができる「京より書へのいざない」などの教室が開かれている。

<京都館>
住所／東京都中央区八重洲2 - 1 - 1 ヤンマー東京ビル１階
電話／03 - 5204 - 2260（代表）
開館時間／午前10時30分～午後7時30分
休館日／毎月最終水曜日

梅雨時に光るおしゃれ

雨の季節は、疎《うと》ましく思われがちだが、きものには、梅雨の季節をも楽しめる魅力がある。雨上がりの鮮やかな色合いをかもし出す木々のなか、麻のきものと麻の帯を組み合わせてみる。麻は暑さを和らげ、肌ざわりもひんやりと、シャキッとした風合いがよい。

たまに出かける友人との映画鑑賞には、紬の単衣《ひとえ》に半幅帯、そして、明るいテラスのあるようなお店でランチを。案内状が届いていた知人の個展には、紗合わせなんかで粋さを勝負してみようか。ピンクの色の一つ紋、織柄が長野県上高地の夏景色。

梅雨の季節。雨上がり、緑の美しい柳の下で、本格的な京都を実感しておくれやす。

季節のきもの

盛夏のきもの遊び

さて、京の夏はなんといっても祇園祭ではじまる。若い人たちのモダンな柄の浴衣は、見ているだけで楽しい。気楽に親しめるきものの入り口として大いに歓迎。私も今年は浴衣を新調し、花火や宵山、送り火など、その場の雰囲気に合わせてアジアン柄やトンボ柄を着てみよう。

でも、涼を求めて遠方へお客様と食事に出かけるなら、浴衣ではなく、夏お召しや小千谷縮《おじやちぢみ》など、織りの気楽なきもので楽しみたいところ。中国、梁（五〇二〜五五七）の簡文帝の詩にも、「荷心香（かしんかんばし）」――暑くてたまらない夏の夕暮れではあるが、香気を発する蓮の花が、遠くにいてもさわやかさを感じさせてくれる――とあるように、日本のきもの文化にも、すばらしい涼の伝え方があるのだ。

盛夏のきものとしては、絽《ろ》や紗《しゃ》などがある。私は、紺色の絽のきものに、シャボン玉の絵柄が入ったものがお気に入り。

紺色の絽のきものにシャボン玉の絵柄。
実際に着てみると、本当にしゃぼん玉がふわふわと浮いているように見えるのが楽しい。

閑さや　岩にしみ入　蝉の声　（松尾芭蕉）

俳句に詠われる虫や動物たちは、かいらしい（可愛らしい）。ちょうど私の手元には、夏用にと仕立てられたばかりのきものと帯に、そんなかいらしい虫たちがちりばめられている。ふと気づけば、京都・大原の里で十数回以上の夏を数える。夏色に緑濃くなりつつある木々を眺めながら、朝の日差しを受けて深く深く呼吸すると、遠くで、近くで、蝉が目覚めによいＢＧＭとなって鳴き続ける。多くの種類の蝉が、時には目覚まし時計以上にうるさく聞こえる季節。あぶら蝉、みんみん蝉。夕方から聞くひぐらしは、この山里に来てから聞くことができた。

八月には、ひと足先に季節を先取りし、秋草の模様の手描き友禅（三越駒絽）なども着てみたい。また、八月になると、ご先祖を迎える「お精霊迎え」があちこちではじまり、どこの家でも夏のお盆の大切な行事として心を込めて準備をする。お寺に出向き、お墓の掃除をして、ご先祖さんが無事帰ってきてくださるように祈るのである。その時、「無事帰る」という意味で、カエルの柄の帯を、刺し子紗のきものに合わせて着てゆこう。帯締めと帯揚げも盛夏の装いとなり、外見的に涼を与えるのがきもの文化の粋さ。夏のきものは、自分自身は多少暑くても、周囲の人に涼感を感じさせる粋さがある。真夏にきものを着ていれば、いずれにせよ洋服よりははるかに暑い。しかし、自分の肌をむき出しにして涼を得ることと、絽や紗の涼やかさを演出することの差は大きいと思う。

きものは、相手も立場も思いはかる、心やさしい文化。私たちは日本人として、もっともっと着る機会を持ちたいもの。きものの勝負は夏で決まる。

無事に帰る（カエル）の祈りからこんな帯も……。

燕柄の絽の半幅帯と緑の浴衣。
この浴衣は既製品。帯は天神さんで見つけた、明治時代の年代もの。

トンボの浴衣と帯。
大好きな浴衣のひとつ。トンボの柄がかわいらしいでしょ。

薔薇の浴衣とチェック柄の帯。
真っ赤な薔薇の浴衣は、私の大のお気に入り。

アジアン浴衣。
アジアンな雰囲気の浴衣も、夏のイメージによく合う。

花鳥風月、秋の夜長のたのしみ

京都では、五山の送り火が終われば、朝晩は少しはしのぎやすくなる。このころになると、きものを着る機会もぐっと増える。九月に入れば、仲秋の名月で観月会。三角形の地点からお月さんとお見合いしたい。私は、一ヵ所からひとつの方法で物事を見たり考えたりせず違った角度から見てみるのだ。お月さんが美しいことは確かだだが、角度の違いや場所の違いにより、多くの美しさを知ることができる。

京都市左京区にある詩仙堂には、江戸初期の文人、石川丈山の「鹿おどし」があり、情緒漂う音が静寂の中に響いている。厳しさとかぐわしく漂ってくるお香が合い重なって生じる、幽玄の世界。何ともいえない日本人の心に、触れることができる。けいはんな記念公園の池泉回遊式日本庭園の池に設置された水上舞台のかがり火のなかで、その音色を聴く時、何ひとつ邪魔するものがなく、この広い公園の池に天空から真正面に輝き映る月は、私たちに、自然の雄大さと、永久に変わらぬ人間の美しく清い心を思い起こさせる。

そして、平野神社の宮司・尾崎氏によれば、「秋になると月はほどほどに大きく、雲は夏の残りでほどほどにすっきりして、色は稲穂の黄金色に輝き、まさに〝名月〟。秋は〝名月〟がいちばん美しく、春は花が美しく、自然というのは自分が一番輝く時を知っている」と、哲学者のように語られる。

お月さまは、何万年もの間、私たち人類に美しい光を当てて見守ってくれたはる。そやさかいに、うちらも大宇宙に平和を存続していかなあかんと思う。

さて、そろそろ観月会に着てゆくきものの準備をと、単衣ばかり入れた箪笥の前に立つ。一段ずつ、引き出しては、あれこれと選ぶ時間は胸のはずむ楽しいひとときだ。「この単衣は六月ならええけど、九月にはちょっとなあ……」と、白地に水色の墨流しの小紋。麻の縦縞では織だからちょっと気楽すぎるし。ああ、そうそう、あの「漢方草木染」の単衣、うさぎ柄の訪問着。これなら失礼ではないだろう。地色が群青色でグレイのうさぎ。大人っぽい印象を与えるなかに、うさぎのかわいらしさ。「これ！」と、決定した自分にちょっと嬉しくなる。

最近、おもしろい言葉を聞いた。「春単衣」、「秋単衣」。つまりは単衣のことである。単衣は、六月と九月のみ、たった二ヵ月しか着ることのないきもの。そのなかで、初夏に着る、夏を意識した「春単衣」と、今回選んだような、秋に向けての「秋単衣」とを区別した言葉。改めて春とか秋とはいわずとも、自分でその時期を考えれば自然と決まるのではないか。色合いといい、その時期の行事や花鳥風月を考えての柄選びは、なんと優雅な心の遊びだろうか。身にするまでの空想は、日本人ならではの感性であり、文化であろう。

日本に四季があることを認識して、もっと日本文化ときもの文化の関連を考えてほしい。古典柄以外の、洋服感覚のモダンなチェックや幾何学模様を使ったきもの柄でも、色合わせによって六月、九月を着分けることも可能だ。きものの楽しみ方は、総合的な文化のセンスをどんな風に表現するかにある。

小倉山　峰のもみぢ葉　心あらば
今ひとたびの　みゆき待たなむ
（小倉百人一首）

季節は袷《あわせ》のころへ。気軽に小紋なぞ着て、秋の散策としゃれこもうか。京都・嵯峨野の小倉山山麓にある二尊院は紅葉の名所。山門をくぐると、真っ赤なもみじが敷かれた燃ゆる秋の光景が広がる。これに負けじと着てゆきたいのは、もみじ柄の小紋。帯は昼間なら白地の相良刺繍、夜なら黒地にと、帯で変わるきものの表情を楽しむとしよう。そう、嫁入り支度のなかにあった大好きな菊の訪問着も、たまには風を通してあげたい。匂いたつ菊の香りを感じさせるような一枚だから、すれ違う人を楽しませてくれるだろう。きものが一段と映える京都の秋、古典調の柄にモダンなショール一枚加え、秋から冬にかけても素敵なきものライフを変わることなく楽しむ。

最近は、袷や単衣、盛夏のきものを着る時期が少々ずれていると感じる人を多く見かける。それを専門家が認めたりする発言も気になる。細長い日本列島にあって、気候の温度差もあるだろう。しかし、きものの約束ごととして伝えられてきた日本の四季を考えれば、きものの文化、まして文化の中心であった京都のなかだけでも、きっちりと守り通してほしいもの。

五月の末は、暑かろうとも、きものはあくまで袷（ただし、長襦袢は単衣もんでよい）。六月になれば単衣へ。九月一日からは、少々残暑が厳しくても絽や紗は避けて、やはり少し初秋を思わせる色目や柄の単衣をしゃきっと着こなし、月半ばには、さらに季節感を強めたいところ。

そんなことを思いながら、箪笥の中をのぞく秋の夜長の楽しさよ……。

昼間は白地の相良刺繍ではんなりと、夜は黒地でシックに。

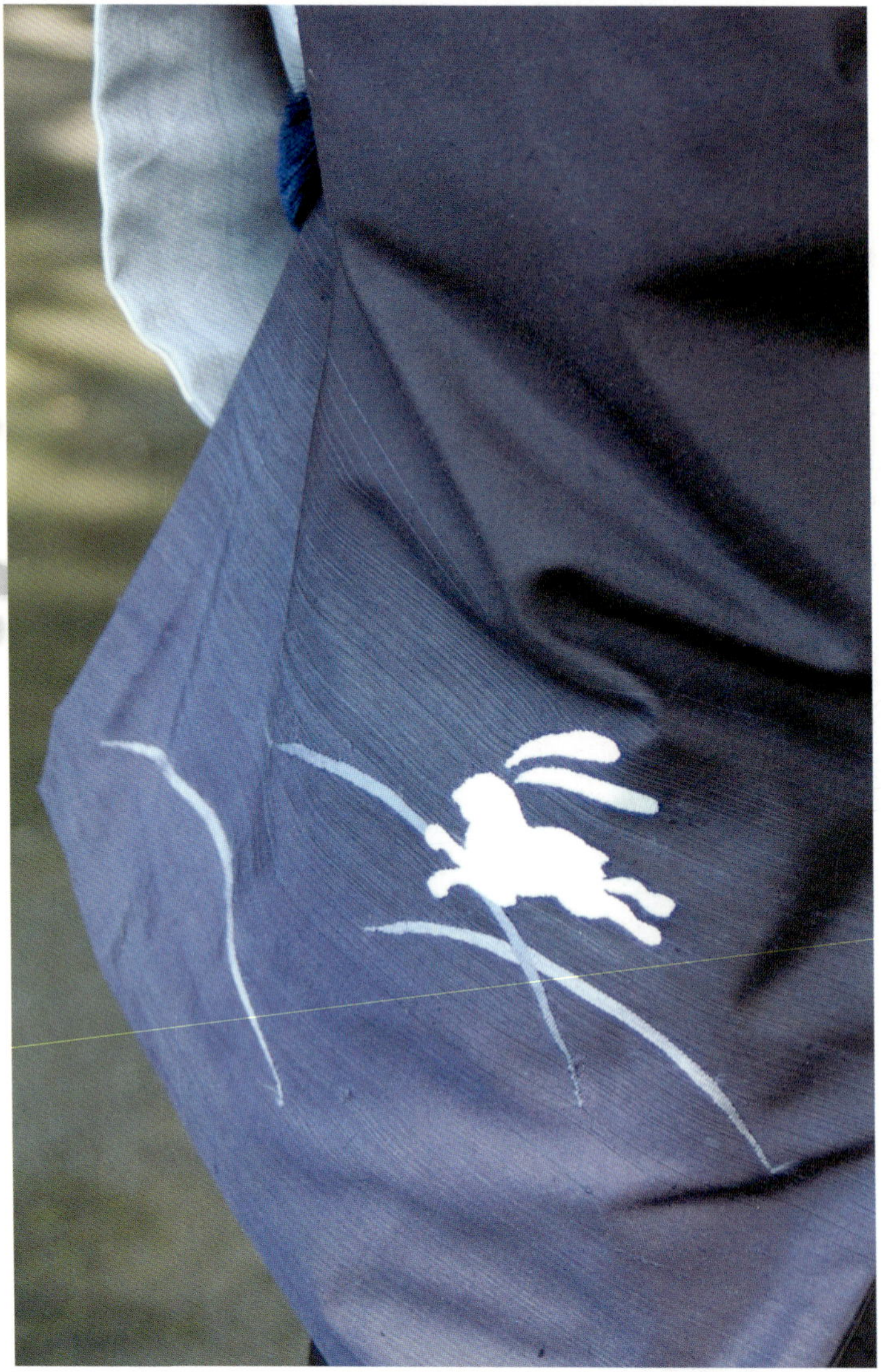

袖のうさぎ。うさぎのアップは、かいらしおすやろ？

ベージュの幾何学模様のお召し紗に、羅のオレンジ色の帯で夏らしさを演出。

季節のきもの

きものが彩る京の四季

お正月、年始のご挨拶まわり、久しぶりに伺う親戚のお宅、子供の頃からずっと行っているといくつになっても「〇〇ちゃん、大きくなって……」と。こちらは一人前の大人だと認識し、松竹梅の入った訪問着に西陣の袋帯。花びら餅とお抹茶をいただく。ここはお寺ということもあり、年の始めから厳しい寒さの凛とした空気を感じる。よき正月だ。

二月、北野天神の梅花祭、上七軒の芸妓さんのお手前による茶会。毎年雪が散らつくが、最近は暖冬ということもあって梅が早く咲いてしまう。グレイの小紋にピンク地の塩瀬に、梅花の墨絵の帯。

三月、雛祭り。女の子のお祭り、かわいいおこぼの名古屋帯などしてお寿司などよばれる。

四月、桜。はななり↓はんなり、という京ことば通り、はんなりとした桜の花の訪問着や小紋、そして桜の花づくめの帯などして観桜会へ。

五月、すれ違う人々に新緑の香りを届けたい。ひわ色のきものを着て歌舞伎を鑑賞しよう。

六月、単衣を楽しむ大好きな季節。繊維学会の催しには、リバーシブルでたて縞の西陣お召しに、緑色の無地の帯を合わせて。また、六月下旬のほたる観賞には、足元がぬれることもあり、チェック柄の単衣の紬を。

七月、祇園祭。宵山など、浴衣の出番が多い。浴衣は、きものを楽しむための気楽な第一歩だ。

八月、ホテルでのディナーには絽の訪問着を着よう。そして、屋上から見る五山の送り火に手を合わす。

九月、残暑の中での秋単衣。観月会には、うさぎの単衣の紬や、うさぎと月が戯れる西陣の帯。

十月は、袷を楽しむ。紅葉を一足早く感じるために、もみじの小紋にて秋を待つ。

十一月、音楽会のシーズン。こんな時には、かわいい猫がハープを弾く帯を。また、オーケストラを聴きに出かける時には、チェロの織り柄の入ったしゃれ袋帯。

十二月、お世話になったあの方へ、暮れのご挨拶。黒の鮫小紋（一つ紋）に袋帯をして改めて訪問する。

こんな風にして、行事の中に、文化の中に、遊びの中に、歩く街中に、いつもきものが溶け込んでいる。

鮫小紋。落ち着きのある色合いで重宝している一枚。

黒地に花柄の京友禅の振り袖と、金地の袋帯。

これはまだ反物のうさぎの小紋。ようようみると、あちこちにうさぎが隠れてる。

第三章
京都の古き良き文化

王朝人のパーティー、曲水《きょくすい》の宴《うたげ》

古来、わが国では、春先に野山に遊んで、清流の水を浴びて戯れをそそぎ、病気にならないように祈っていた。そこに「曲水の宴」が中国から伝来し、奈良時代になると宮中の行事として盛大に行われるようになったという。

京都市伏見区の城南宮では、毎年、春（四月二十九日）と秋（十一月三日）に「曲水の宴」が開催される。曲水の宴は、平安時代の貴族らの歌遊びを再現し、衣装はみやびやかな王朝絵巻そのもの。城南宮界隈は、平安時代に鳥羽離宮があり、後鳥羽上皇や藤原定家が歌会を楽しんだ場所。

「曲水の宴」の舞台は、城南宮の「平安の庭」。王朝装束を身にまとった男女七名の歌人が、雅楽の調べにのって姿を現し、庭を流れる「遣水《やりみず》」という小川のほとりに座り、短冊に和歌をしたためる。「小袿《こうちき》」という十二単衣が簡略されたきもの姿の女官二名、「狩衣《かりぎぬ》」姿の公卿五名が歌人に扮する。即興で、与えられた歌題をもとに和歌を一首詠む。詠み終えると、「遣水」の川上から童子が水鳥の姿にこしらえた木製の「羽觴《うしょう》」という小さな船に朱塗りの盃をのせて流す。歌人は、詠み終えた和歌を短冊にしたためると、流れくる「羽觴」を取り上げ、盃を取ってお酒をいただく。いわゆる、王朝人のガーデンパーティーである。

詠んだ歌は、その場で参拝の市民や観光客らへ披露され、宴の間には白拍子の舞も披露される。

「一觴一詠《いっしょういちえい》」といい、一首詠んではお酒を一杯飲む。実際は何度もその盃が流れてきて、歌人も何度も歌を書き加えていくので、そのうちほろ酔い加減になり、宴の終了時には立つのに困難な場合もある。私は毎年、お姫さんとして鎮座する。流れくる盃の合間に、ひと歌、ふた歌……。

業平忌三弦法要《なりひらきさんげんほうよう》

京都市西京区にある十輪寺で、室町時代から続いて行われている行事がある。この行事は今日、「業平忌三弦法要」と呼ばれており、私は二十年近く、毎年この時に献書してきた。

法要が行われる五月二十八日は、平安時代の六歌仙のひとり、ハンサムかつプレイボーイであった在原業平の命日にあたる。十輪寺は、業平が晩年を過ごしたと伝えられているお寺で、通称「なりひら寺」と呼ばれており、本堂は、文化財に指定されている。五十六歳でこの世を去った彼を偲《しの》んで法要が行われる。

当日は、午前十一時半に「ゴーン」と一番鐘が鳴り、まず導師による散華、献香、献茶。一般の方からは、献句、献歌などがある。さすがは歌人業平のお寺だ。

当日のメインイベントは、現在の住職である泉和尚が奏でる三味線の「三弦法曲」。この三味線はオリジナルで太ざおと呼ばれ、「所天讃《しょてんさん》」という声明や「般若心経」、「あうん秘曲」などに独特な節をつけて弾き語りをする。それに続き、邦楽、舞踏などを奉納、さらに、華道家による杜若《かきつばた》の逆活け。最後に私が献書をする。平成十二年には、京都西陣の帯を使用し、オリジナルのタペストリーに自作の大原竹紙で和歌を書いた。

京都洛西の十輪寺。新緑の美しい田園風景のなか、ウォーキングを兼ねて、どうぞごゆるりとお楽しみを。

業平忌三弦法要にて。

法要にて、献書した作品。(平成 18 年)

京都市西京区、大原野小塩町にある十輪寺。

こよい逢う人みな美しき、花灯路《はなとうろ》

三月中旬には、京都市東山界隈を中心に開催される「京都・東山花灯路」へ。一帯は幽玄な灯《あか》りでつつまれ、人々をいざなう。寺社や路《みち》がライトアップされ、いけばな作品の「花」とともに、幻想的な情景が演出される。

会場は、東山三条から五条までの東山山麓一帯。北は青蓮院から南は清水寺までの約四・三キロメートル。その間の道路に、京都の伝統工芸で作られた五種類の路地行灯《あんどん》が二四〇〇基設置される。各寺院も特別拝観があり、それぞれライトアップされる。使われている行灯は、京焼・清水焼で作られ、陶器の中から温かい光を放ってくれる。

「ねねの道」、「霰《あられ》こぼしの道」から「石塀小路」へ。石塀小路には、京石小芸の行灯が石塀の石にちなんで置かれている。この石塀は、もともとは川の氾濫を防ぐため、明治の頃に京都で焼かれたレンガを石塀として使用していた。石畳の一部には明治二十八年に京都で開通した、日本初の市電の敷石が使われている。一度歩いたら、とりこになりまっせ。

そして、早春の宵、暖かい春を迎えるにはやはり「花」である。

清水へ　祇園をよぎる桜月夜　こよひ逢ふ人みなうつくしき

与謝野晶子が「花」を通して見た月は、きっとやさしく、また自分の心をも温かくしてくれたのだろう。清水へのどのあたりで詠んだのだろうか。きっと、一緒にいた人が彼女の心を温かくつつんだから、すべてが美しく見えたのだろう。

彼女は、どの路で、どんな人と出逢ったのだろうか。

東山花灯路の灯りと、八坂の塔。 ©SHIGEKI KAWAKITA/SEBUN PHOTO/amanaimages

恋歌の跡をたずねて

毎年三月二十一日、京都市中京区新京極にあるお寺、誠心院でふたつの法要が行われる。

ひとつは、彼岸供養。もうひとつが、開山忌《かいざんき》である。

開山忌とは、王朝女流歌人の和泉式部の命日。平安中期の王朝女流歌人であり、情熱的な恋歌が多い和泉式部は、自由奔放な恋に生き、多くの男性を悩ませたのだ。それらを悔いるために晩年尼さんになった和泉式部は、この誠心院の初代住職である。

京の都では、多くの女流歌人がその才能を競っていた。

あの絶世の美女、小野小町もそのひとり。京都市左京区市原にある補陀洛寺《ふだらくじ》、通称小町寺で、晩年を過ごしたといわれている。

また、小町の住居跡として知られる随心院は京都市山科区小野にあり、小町の住居跡として知られている。その跡地には、当時の貴公子たちから小町に寄せられた、ラブレター千束を埋めたといわれる「文塚」がある。そして、小町が朝夕この水で美しくお化粧をしたと言い伝えられている「化粧の井戸」。

随心院では、恋の成就を願えばこそ九十九日間通い続け、百日目に倒れた深草少将と小町との伝説を今も伝えている、「はねず踊り」が行われる。〝はねず〟は、梅の花、薄紅色を表す古語であり、はねず梅と呼ばれる遅咲きの梅がちょうどこの頃、見ごろを迎える。二〇〇五年に三十二年ぶりに新調された美しい衣装を着て、地元の子どもたちが踊る姿はなんとも可愛いらしい。

京と地方を結んだ、京の七口《ななくち》

京の七口とは、室町から江戸期にかけて、京の都と全国七つの地方とを結ぶためにあった、京への入り口である。室町幕府や公家たちは各口に関所を置き、関銭を徴収していた。一五九一年に豊臣秀吉が〝お土居〟を築いた時に、七口にしたのではないかと言われている。

この「京の七口」は、一般的には次の七口が使用されている。

●京都の北東、鞍馬山へ通じる「鞍馬口」
●北陸道へ通じる若狭道の「大原口」
●山陰道への「清蔵口（長坂口）」
●近江、京のとなりの滋賀県への「三条口」を経て「粟田口」
●伏見から伊勢に通じる「五条口」
（この近くの東山区問屋町通り五条下ルには、三百年前の江戸期京町衆の文化風俗を残しているお屋敷、「洛東遺方館」がある。）
●京の西の丹波への街道で「西七条口」と呼ばれた関が「丹波口」
（現在もJR「丹波口」という駅がある）
●西国街道（現在の国道一七一号線）から洛中に入る入り口の「東寺口」

江戸時代には参勤交代などで賑わい、その数や名称は時代によって一定していない。どうもわが国には陰陽道から〝七〟という数字を「不思議でよい」とみる風習があり、七草、七味唐辛子、七福神などといったりする。そんな風習から、〝七口〟と呼んでいるのかもしれない。

第四章

大原の里

自然と歴史のハーモニー

京都大原と言えば三千院。その三千院の手前にある、魚山橋《ぎょざんばし》という小さな橋を東へ、呂川に沿って坂道を登ること三百メートル、登り着くと、そこにはいくつかの小さなお寺がある。

【蓮成院《れんじょういん》】

魚山橋から川に沿って歩いて五分ほどのところに、そのひとつ、蓮成院というお寺がある。一般公開はされていないが、週末のみミニコンサートが開演されている。

この古びた蓮成院に入ると、立派な襖絵が並んでいる。三千院に飾られている竹内栖鳳《せいほう》の弟子の日本画など、京都画壇の隠された作品を見ることができ、この時が唯一、ご住職から直々にこのお寺の歴史を教えていただけるチャンス。

「心」という形になっている池には、このコンサートのための特設野外ステージが設けられ、背景につつじ、しゃくなげ、もみじなどの木々が並び、その木々の間を涼しい風が吹き抜ける。さまざまなジャンルの音楽を聴くことで、〝癒し〟の音がわれわれをヒーリングの世界へと誘ってくれる。また、その演出をさらに手助けし、情緒のあるものとしているのが、お香だ。京の老舗のお香屋さんが協力し、その日の曲の雰囲気に合わせてお香を焚《た》く。

蓮成院の向かいにある、浄蓮華院《じょうれんげいん》でも同様のコンサートが開催され、人間国宝の香取氏による梵鐘《ぼんしょう》がある。雨が降っても各寺院の中で行われ、これもまた、美術品に囲まれてのコンサートとなり、芸術、文化の香りでいっぱい。

「大原魚山流」の梵唄声明《ぼんばいしょうみょう》発祥の地となったこの〝魚山〟の大自然のなかでのコンサート。この売上金の一部は、二〇〇〇年五月に消失した寂光院の義援金に充てられている。

蓮成院

【寂光院《じゃっこういん》】

寂光院は、『平家物語』に登場する建礼門院、徳子が二十八年間の隠棲生活を送った場所。

不審火により、二〇〇〇年五月九日に本堂や本尊を焼損したが、二〇〇五年には本堂の再建を祝う落慶法要が営まれた。先日、寂光院の火災の時効が成立してしまった。とても悲しいことだ。

【三千院】

京都・大原の里、自然のなかの三千院のお寺で「御懺法講《おせんぼうこう》」が行われる。中国仏教の天台宗の精神を受け継いだもの。

「懺法《せんぼう》」とは、眼（げ）・耳（に）・鼻（び）・舌（ぜつ）・身（しん）・意（に）の、六根（むつのね）を使って自らつくった諸悪を懺悔し、お互いの心の中にある「むさぼり、怒り、愚痴」などを取り除き、「和敬静寂」の心を持って自分の心をさらに浄め、清らかにすることができるという儀式。

「御懺法講」は、約八五〇年前、後白河天皇によってはじめられ、江戸末期まで天皇の法要として宮中でしか行われなかった。戦争などで途中何度か途絶えたが、昭和五十四年、三千院の宸殿で復興された。

【貴船神社】

大原の里からさらに奥へ、車で十分程行くと貴船神社がある。京都市左京区にあるこの貴船神社は、水の神様として有名。おみくじは「水占みくじ」といい、無地のおみくじの紙を境内の霊泉に浮かべると、水の霊力によって文字が浮かぶ。また、貴船神社は、お能の「鉄輪《かなわ》」という怖い話でも有名。

貴船神社は、樹齢千年の杉や檜《ひのき》に囲まれ、その山間を貴船川が流れている。七月と八月は、川沿いの料理旅館がいっせいに川の上に床を張り、名物の川床が見られる。貴船祭り（六月一日）は、全山新緑と貴船川の清流といった、まさに墨絵の世界に、金色の神輿が揺れ動くさまが、まるで夢を見ているような美しさだ。

このように、ガイドブックでは伝わらない、秘められた京の奥座敷での生演奏、そして、大原の山里の自然や小鳥のさえずりを聴きにきておくれやっしゃ。

貴船神社と参道に並ぶ灯篭。

冬の京やさい

堀川ごぼう

金時人参（京人参）

聖護院かぶら

年末の大原では、普段とは少し異なる最後の朝市が行われ、お正月用のしめ縄、白もち、小芋、京都ならではの掘川ごぼうなどが売られている。堀川ごぼうは京都独特のもので、普通のごぼうを一度抜いて植え直し、半年以上かけてつくられる。普通のごぼうよりも太く、なかがふわふわで、そのふわふわを抜いて好みの詰め物を詰めて煮炊き、いただく。

年始を迎えると、大原の冬はさらに厳しさを増す。同じ京都市と比較しても、大原は非常に寒い。ただ、寒さのなかでも良いこともある。大原の里では、おいしい冬やさいをいただくことができるのだ。

京都市北区鷹峯の樋口昌孝さんは、なんと四百年以上続く農家の十四代目。彼は、大原の畑で聖護院だいこんをつくっている。ある寒い日に樋口さんの畑にうかがって、土のなかからだいこんを抜いてその場で食べた。もちろん、生でも甘くておいしい。ついでに隣の列の水菜やほうれんそうも食べてみる。やっぱり甘い。

一般的にだいこんというと、細長いものが思い浮かぶ。しかし、聖護院だいこんは、直径十五センチ～二十センチくらいある短系の丸だいこん。地面の上に現れる部分は、淡い緑色をしていて、肉質はやわらかく、煮物に適している。

大原の里には、雪が降り積もる。そして、朝晩は冷え冷えとして霜が降り、地面がうっすらと凍る。この寒暖の差と、恵まれた風土と、農家の創意工夫が、すぐれた京の伝統野菜を守ってきたのだ。平安の都として、長く政治や文化の中心地となって栄え、寺社が多く、精進料理が発達するなかで、味のよい新鮮な野菜が古くから求められてきた。

しかし、戦後の高度経済成長期に、見栄えのよい画一的な農産物が求められるようになり、各地の伝統野菜が次々と姿を消してしまった。この経緯に対し、現在京都では、次世代の子どもたちの食卓に伝統野菜を残すため、学校給食での食育が行われている。

ちょっと寒い京都どすけど、寒いゆえにお得な旬がぎょうさんあります。

大原で、しめ縄づくり

大原の里では「地域ふれあい事業」があり、そのひとつにお正月用のしめ縄づくりの会がある。大原小学校の講堂で大原在住のお年寄りが先生になり、子どもたちにしめ縄のつくり方を教える。地域の伝統を守り、継承していくことを趣旨として開催されている。

材料は藁《わら》で、稲の藁を使用する。最近では、稲は機械で脱穀されるが、しめ縄づくりのために昔のやり方のまま手で刈っておく。稲刈りも、しめ縄用にほかのお米より少し早め（九月十日頃）に刈りはじめる。（通常の稲刈りは九月末～十月）

根の方は取り除く。芯だけを陰干しすることで、稲の青さが残らない。うる米は、太く短いので「ごぼう飾り」というしめ縄をつくる時に使われ、玄関に飾られる。もち米は、藁が長いので「左なわ」という編み方、組み方で右手を引っ張りあげ、細く長いしめ縄をつくり、自分の家の玄関に合わせてつくって、魔除けに。

しめ縄づくりの様子。

筆と月が出逢うとき

書家として、京都洛北大原にアトリエを構えて十数年。移りゆく四季の変化を日々感じつつ、書を介して、自分を表現できるという喜びを覚えた。ときには、部屋から見える山の緑のなかで、好きな音楽に耳を傾け、フレッシュハーブティーを飲みながら、小春日和のなかでのひとときを過ごす。なんと幸せなことだろう。大原に住んでいちばんいいことは、この様に自然を肌で感じ取ることができ、良きにつけ悪しきにつけ、昔ながらの人間臭さがまだまだ暮らしのなかにあるということだ。

近年、コンピューター化が進み、文字離れ、筆離れが生じてきた。平成の子はラブレターですらメールらしい。ちょっと前なら、万年筆時代であり、涙がそのインクの上にポタリとにじみ、相手に想いが深く伝わった。また、手紙の行間から読み取れる感情もある。メールのような短い完結文では、誤解すら生じてしまう。まして文章力もなく、書かないことでさらに漢字を忘れるようでは、日本人として恥ずかしい。表意文字である漢字を使うことにより、相手に意が伝わるのだ。また、それを書作することで芸術性が加わり、感情豊かな表現が可能になる。

次世代の若い人たちに、この書道芸術、文化をどのように伝えればよいか。大原の里からいろいろな思いが生まれる日々である。

大原の里の夜、まこと明るい月の光。満月の夜は、家の外灯など不要。家のなかに入ると、窓から差し込む月の光。初めてそれを知ったとき、思わずそのやわらかい光のなかで書作したくなった。それは、なんとも透き通った和らぎと厳しさを含んだ光。これは外の闇に対しての明るさで、ネオンや外灯の多い街のなかでは味わえないものである。

そんなとき、ふと先人に想いを馳せる。都の姫は、坂東の想いを寄せる御方への返歌に、この月をどのように詠んだのだろうか。

私はこのように詠みたい。

凛とした　都の香り　その灯　高瀬の川と　共に流るる

夕されば　水面に凍みる　月あかり　みやこ賀茂の　川に遊べば

朧月夜《おぼろづきよ》に対するは、やはり仲秋の名月。秋の月は人を懐かしくさせる。日々、窓から月を眺め、月を感じ、想う人に心を馳せる。そんな人生が私は気に入っている。四季のある日本、そして、都・京都で暮らすればこそ、肌で感じられる文化なのではないだろうか。

大原のアトリエ。花を眺め、好きなショパンを聴きながら書こうかな……。

美しきみやびな山里

京都のまんなか、京都御所から車で三十分北へ。そこは京都の奥座敷、洛北、大原の里である。この三十分間に都大路から田園風景への変化を見ることで、私の心はなごむ。私が住む、この大原の自然は本当にすばらしい。そんな美しい大原の里の様子を、今まで書き留めてきた文章のなかから、少し、ご紹介したい。

京の街より、ちょっと遅いが、大原の自宅前の桜、樹齢百年の山桜が満開になりました。清楚で美しい。ひとりじめのお花見。

（二〇〇五年四月二十日）

美しい苔の庭を、声明や雅楽を聞きながら歩くのは、自らを休め、見直すよい機会。新緑の京都・大原の山里はどうどすか。全体が緑で、輝いていて、ええもんどっせ。

（二〇〇二年五月二十九日）

六月のこの時期、寂光院の緑の美しい山門を出ると、温泉宿があり、三千院へ向かう路を見渡すと、山々に囲まれた盆地であることに気づく。そして、輝く紫色をした赤じそ畑。この赤じそが大原特産のしば漬けをつくります。この大原の盆地のおいしい空気を吸いながら歩くと、三千院に到着します。今はあじさいが美しく、特に珍しい日本元来の品種といわれる小ぶりの「星あじさい」。

大原の里は炭づくりが盛んで、あじさい苑のなかに「売炭翁《ばいたんおきな》」という鎌倉時代の石仏があり、村の人々の信仰であったこの石仏が今は三千院にあります。境内の庭には雨上がりの苔が一露残したなかに、鮮やかな緑をかもし出しています。木立にかわいい「わらい地蔵」が私たちを迎えてくれ、自然と手を合わせたくなります。山門から眺める大原盆地はほんとうに美しく、早朝には「小野かすみ（ドーナツ状のもや）」が現れます。山々から降りてくる冷たい空気と、畑から昇る暖かい空気がぶつかり合って生じる現象です。この空気、温度、湿度がいい赤じそをつくるのに必要な要素になります。

（二〇〇五年六月三十日）

比叡山をバックに、大原盆地の赤じそ畑。

真っ赤な曼珠沙華。

「暑さ寒さも彼岸まで」とはよういうたもんで、真っ赤な曼珠沙華《まんじゅしゃげ》も田んぼのあぜ道から姿を消し、初秋にはすすきが秋風と共にたなびき、仲秋の名月には、うさぎと仲良く美しい姿に映るような京都大原の山里。

（二〇〇六年十月三日）

朝晩めっきり冷え込み、外の気温は二度、ストーブがいるここ京都・大原の里。そして、その冷え込みと同時に山々の木々が、美しく色づきはじめた。

（二〇〇六年十一月八日）

秋の京都・大原の自宅の周りの山々は、紅葉の時期になるとまるでペルシャ絨毯。

（二〇〇二年十一月十八日）

私の住んでいる大原、静かで美しい田園風景。「京都大原三千院……」と歌にもある。三千院もさることながら、寂光院も、紅葉の時期は最高。

（一九九九年十一月二十二日）

大原の穏やかな田園風景。

第五章

創作

「いけずしたらあかんぇ」

「やつして出ていかはりましたぇ」

「いけずやおへんぇ」

「おおきに」

「花」（茶墨使用）

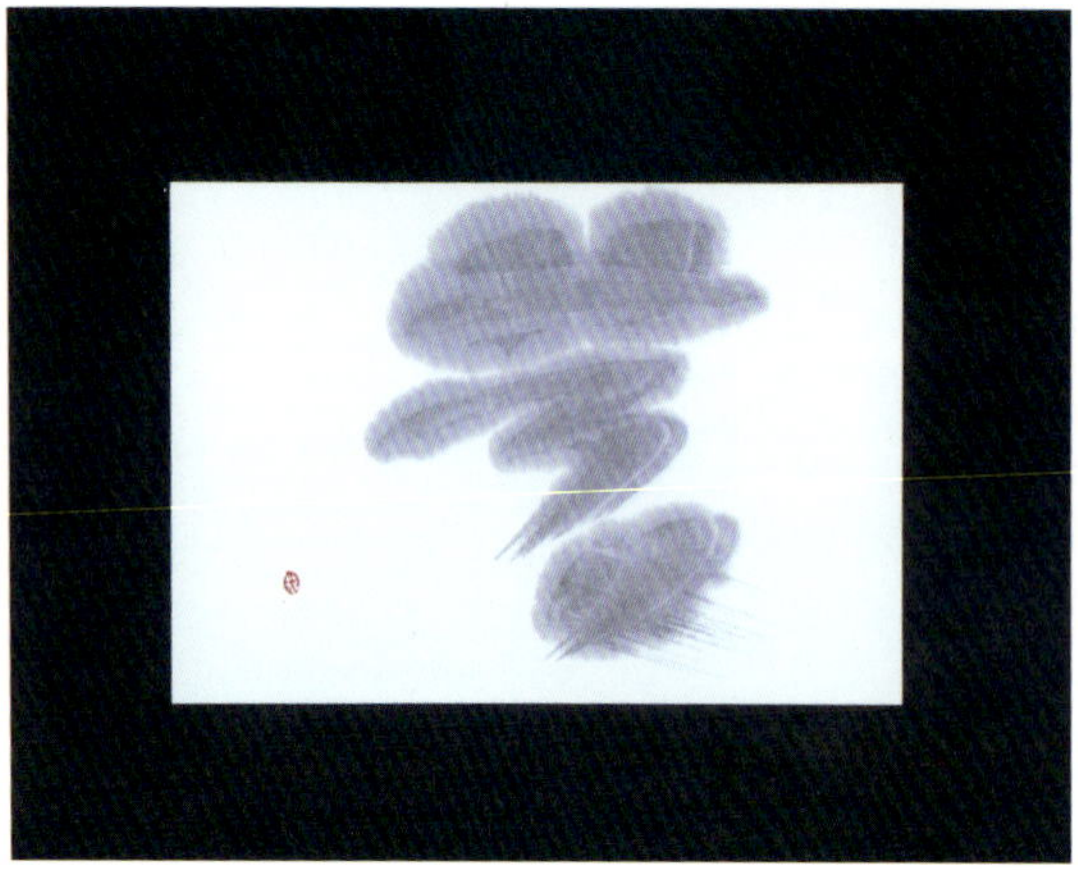

「慶」（青墨使用）

作品によって色々な墨を使いわける。

硯（すずり）

墨にもいろいろある。
例えば、墨の材料が違ったり、
作り方にも違いがあったりする。
色や艶などそれぞれに違う。
それを作品に合わせて選び、
摺り方や水の量などを調整して
自分のイメージの色で書く。
それも書の奥深さのひとつだ。

「星と花」

横書きの書は、本来右から左へと書く。
これは、昔ながらの日本の文化だ。

和洋折衷

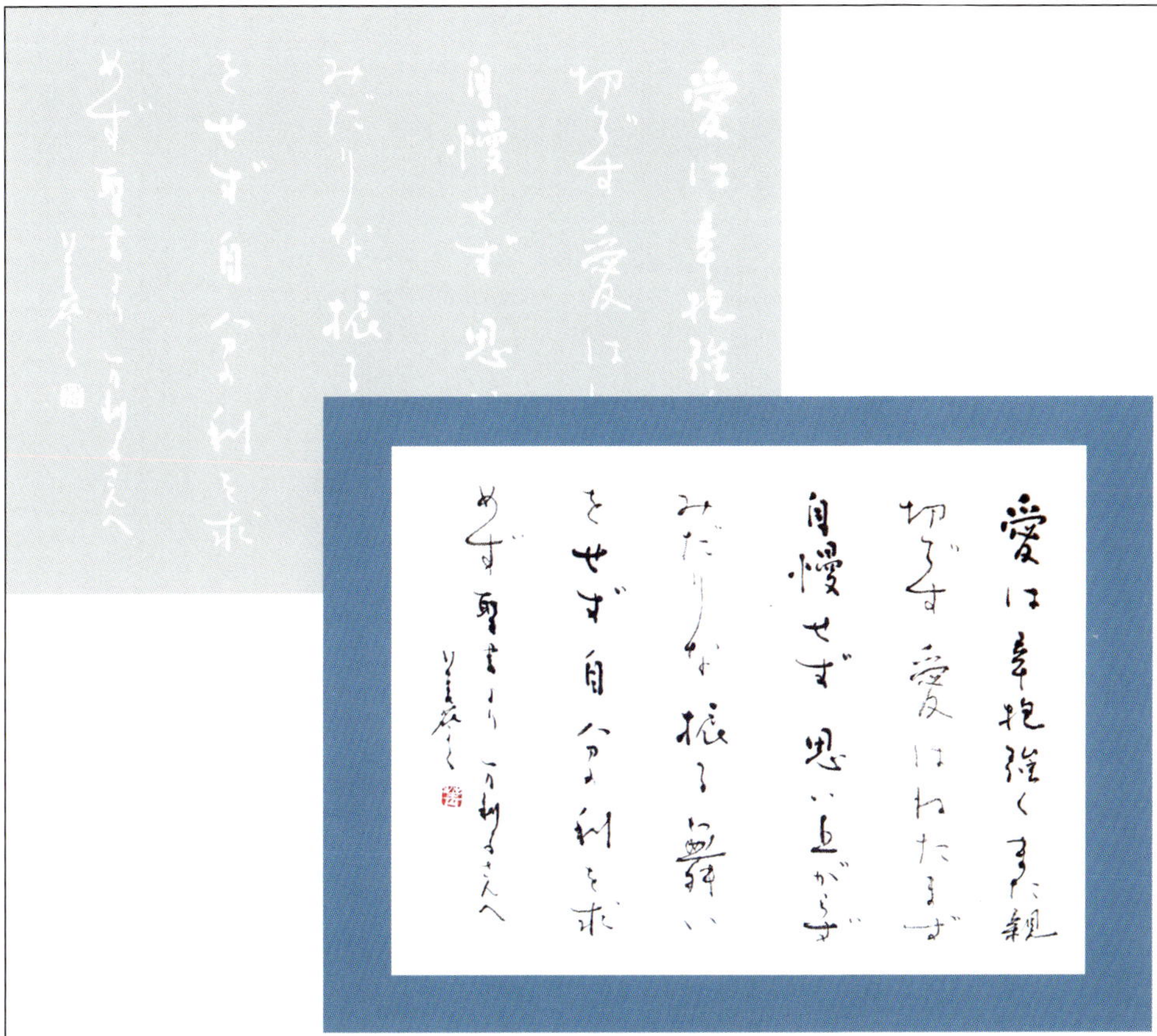

「聖書コリントの一節より」

これは、結婚祝いのプレゼントとして書いたもの。
神父さんは、この一節を新郎・新婦に祈る。
書（良寛調）と聖書。この和洋折衷が、また神秘的な雰囲気をかもし出す。

「戀(恋)」こい

「i」あい

それぞれ独立した書作を並べることによって、ひとつの言葉となった。
ふたつ合わせて「れんあい(恋愛)」と読むことができる。
書には、ストーリーが生まれるのだ。

書に込める想い

「想」

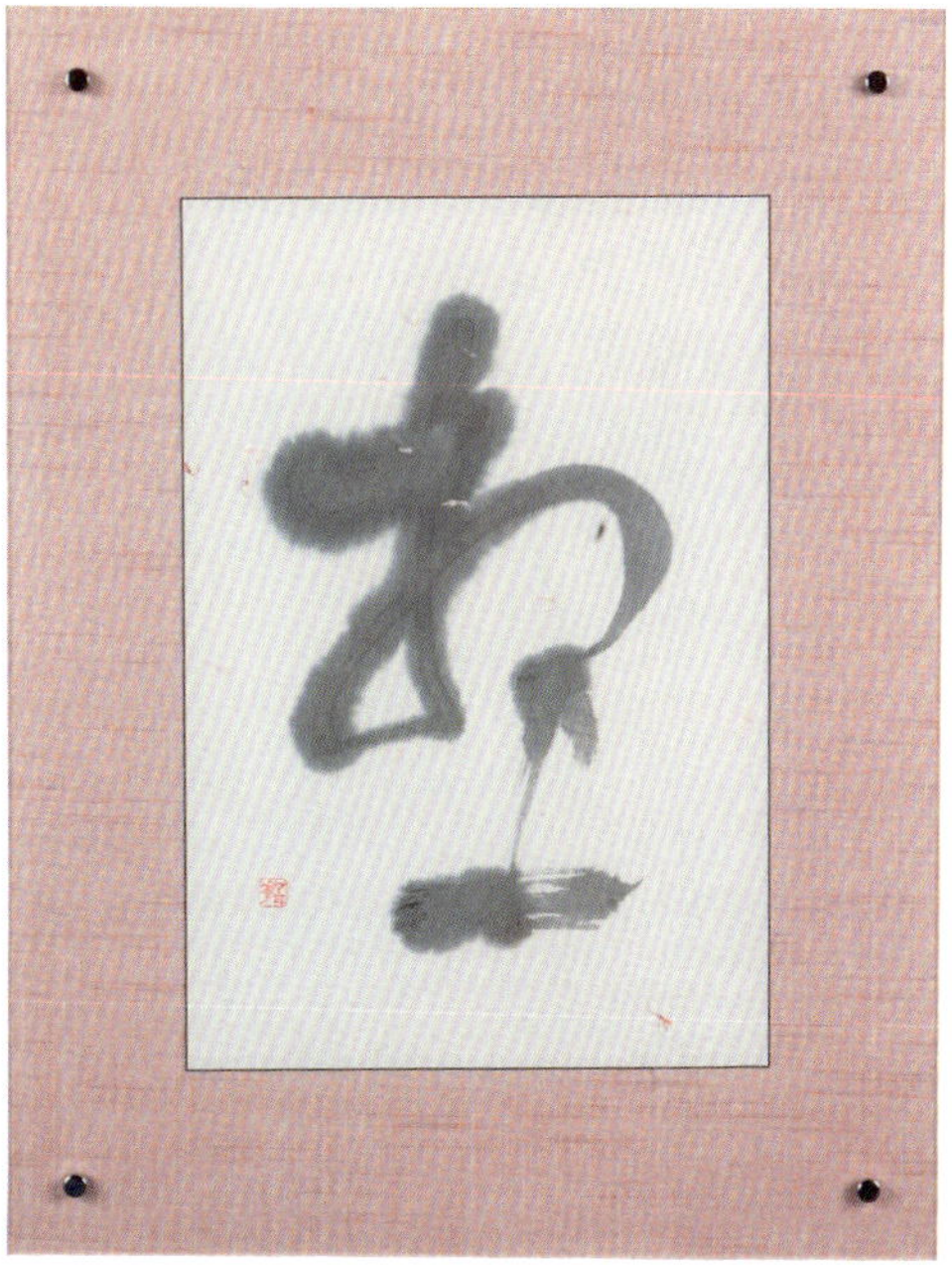

淡い想いを込めて「想」と書く。
こんな作品にはやはり、淡いピンク色の額縁が似合う。

「鷲」

攀桂堂《はんけいどう》の「籐巻筆」

筆は文房四宝(筆・紙・硯・墨)の中で、
最も重要だといっても過言ではない。
この筆は、今は亡き、14代目藤野雲平氏の作で、
滋賀県指定無形文化財に指定されている。

落款(らっかん)

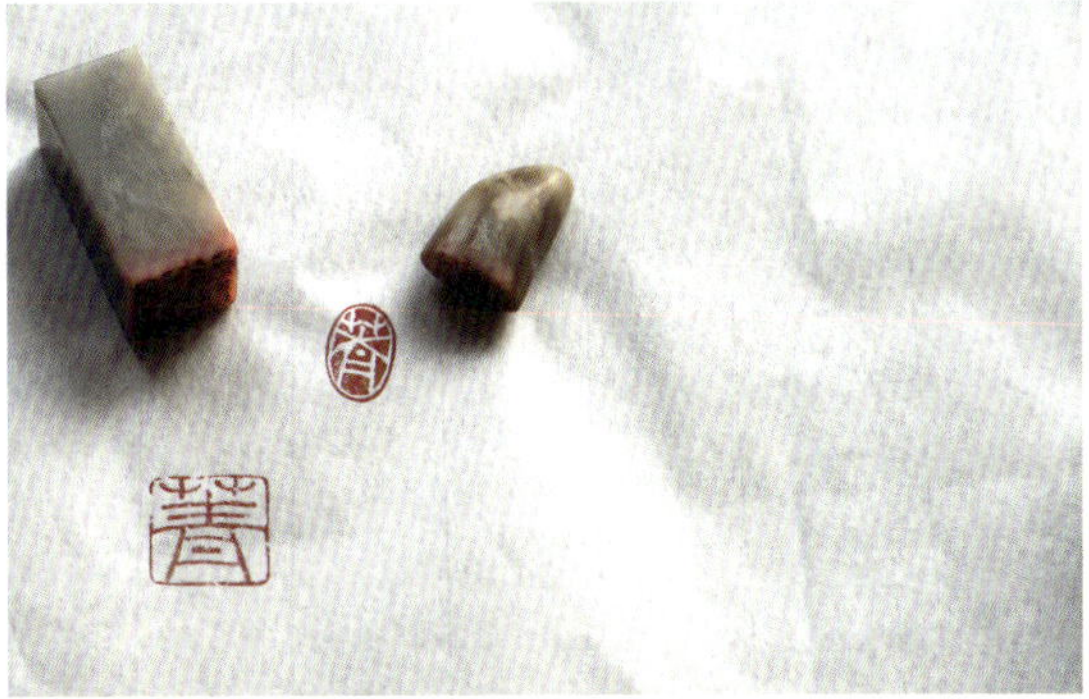

落款は、書には欠かせない、
作者を表す印のこと。
私も何種類も持っていて、
作品によって使い分ける。
小さいが、押す位置により
書を生かしも殺しもする、
とても大切な部分なのだ。

「―皇后陛下古希記念― 皇后さまの御親蚕《ごしんさん》」（扶桑社）

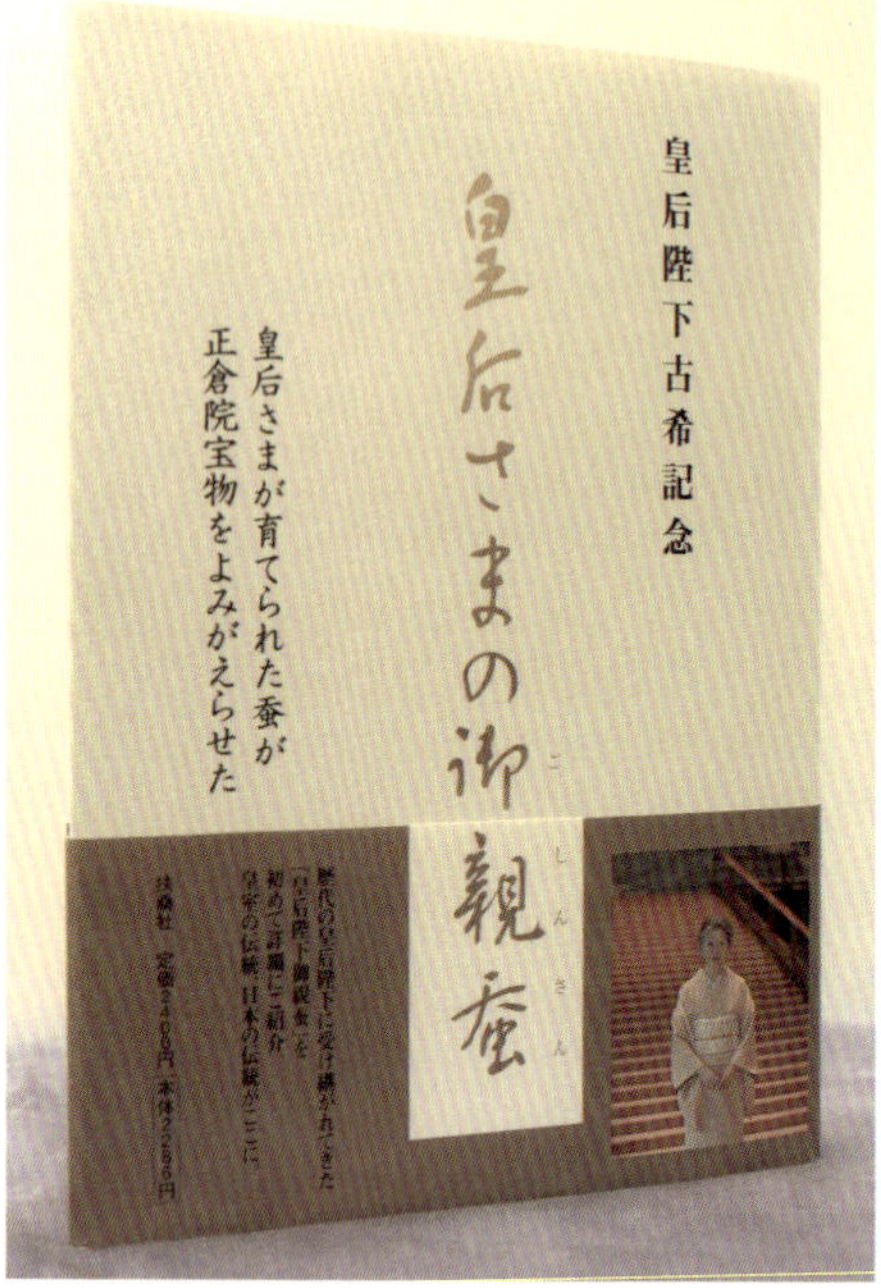

皇后様の古希記念に出版された
書籍の題字を手がけた。
皇后様の格調高い雰囲気を表現した作品。

「一炷香《いっしゅのこう》」

本文でも触れたが、大原の里で竹紙を漉いて十数年になる。
大原竹紙と名付けたオリジナル竹紙だ。大原・自宅の涌き水と、
竹と、自然。そんな環境の中で作った大原竹紙からは、
なんとも味わい深い線が出るのだ。

わらべ歌

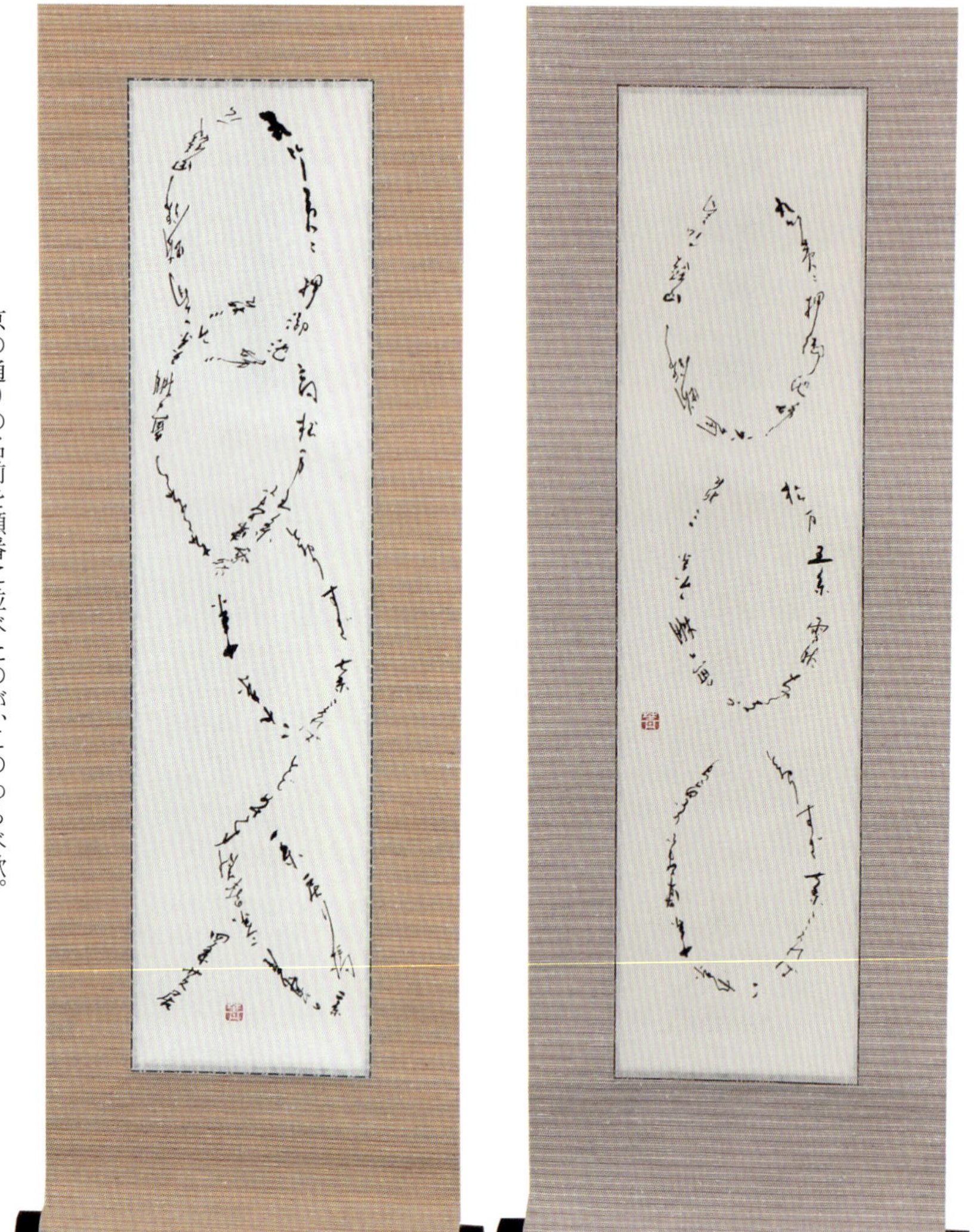

「京の通りのわらべ歌」

京の通りの名前を順番に並べたのが、このわらべ歌。
そんな京の通りのわらべ歌を、ちいさな軸に仕上げ、掛け軸に。
まるで歌のリズムを刻むように、子どもたちが踊っているように。

トンパ文字

「人は多くのことを求める」

トンパ文字とは中国雲南省に現存している少数民族、ナシ族のあいだで使われる絵形文字。象形文字と違って、一目見ただけで、文字の意味を推測できるのが魅力なのだ。
右:「人」　左:「求める」という意味。

藍染めのロングブラウス。
大原の私歌「手にむすぶ 清和井の水の 涼しさに 夏を忘るる 大原の里」

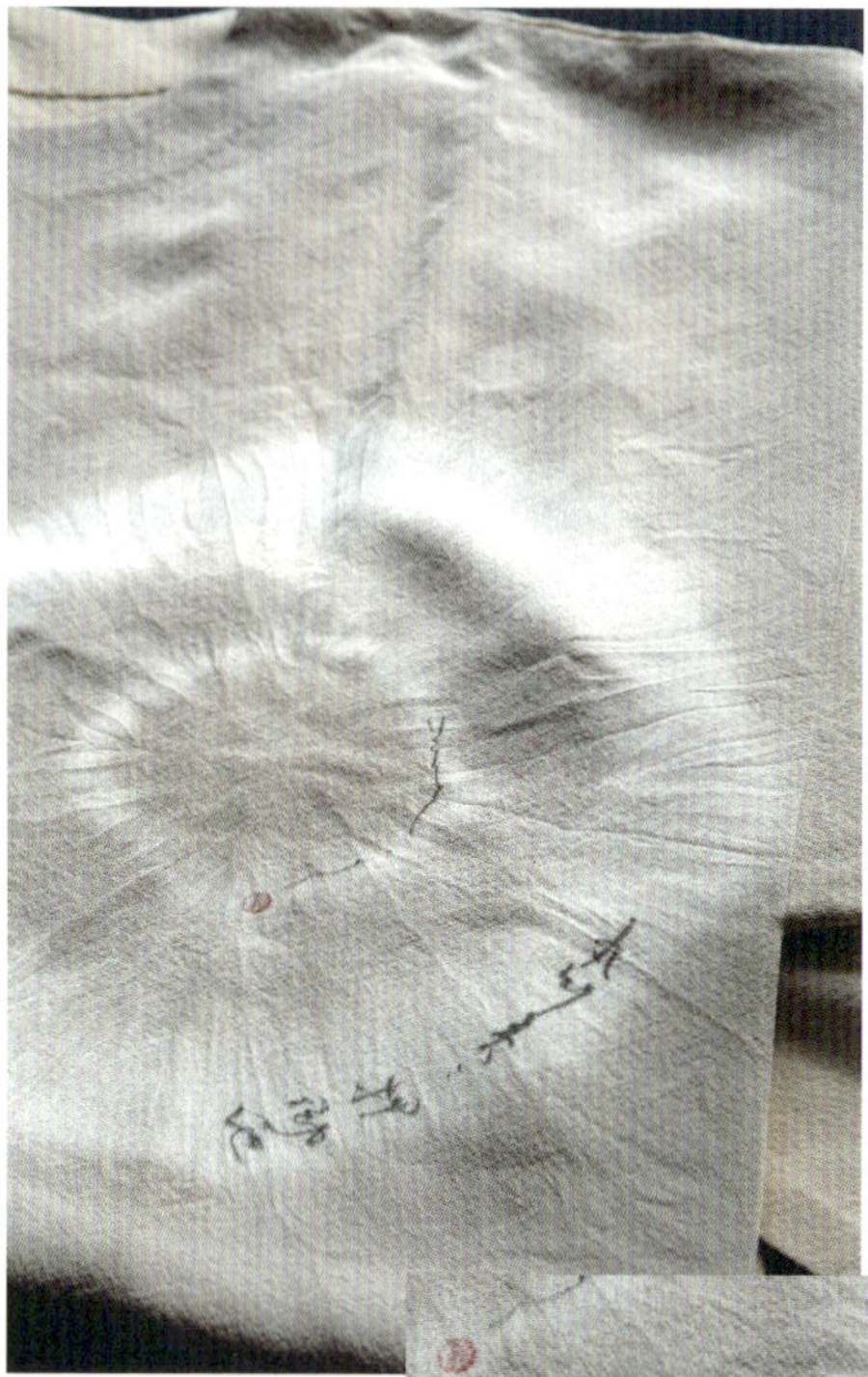

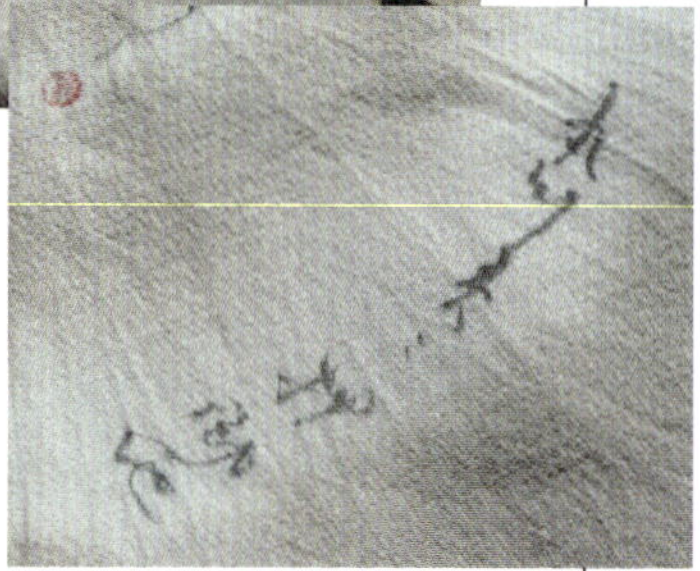

赤じそ染め、
丹後ちりめんの
ロングブラウス。
京の通りのわらべ歌
「丸竹夷二押御池」

ネクタイ
左:「飛躍」という字を分解して創作した。
右:「響(ひびき)」をイメージした作品。

京のお豆腐

とにかく京都は水がよい。
だから、お豆腐もお酒も
おいしい。
よい水で墨を摺り、
書作をするにも
よい土地なのである。

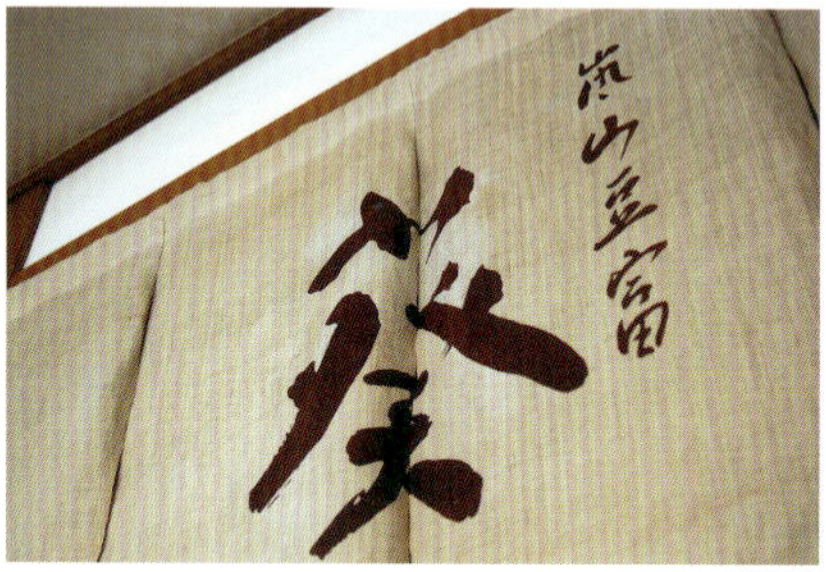

京都・嵐山のお豆腐屋、「葵」。
ここのお豆腐のパッケージをはじめ、
店内の暖簾や、商品名が書かれた札なども手がけている。

丹後ちりめんと桑の葉

桑の葉をつかった商品。

絹から作られる丹後ちりめんは、昔にくらべて作られる数もだいぶ減ってしまった織物のひとつ。これにともなって、蚕が食べる桑の葉の需要も減ってしまった。そこで、桑の葉の需要を何とかして増やすために、写真のような桑の葉の製品が生まれてきたのだ。
このパッケージも私の書作。時代の変化とともに、ニーズも変わる。時代の変化は、時に少し寂しいものだが、こうして上手に時代に合わせてゆくことは大切なことだ。

京の宇治茶

嵐山にある角田香勢園。
抹茶を注文してから挽臼で挽いてくれる、
まさに京都がにじみ出ているお店。
挽き立ての味にこだわり、
手間を惜しまず、
抹茶本来の味がたのしめる。
宇治茶の香りとともに、
私の書が寄り添っている。

店先の看板

時間をかけて丁寧にお茶を挽く。上部に飾られた額はお茶のメニューで、これも私の作品。

暖簾に書いた「茶」

京の和菓子

嵐山にある鶴屋寿の和菓子。
写真は、最中のお菓子で、
一袋に一枚ずつ百人一首の
札が入っているユニークなもの。
このパッケージと、百人一首も
一枚ずつすべて、
書かせていただいた。

店先の暖簾にも、書作。

色々なお菓子のパッケージを手がけた。

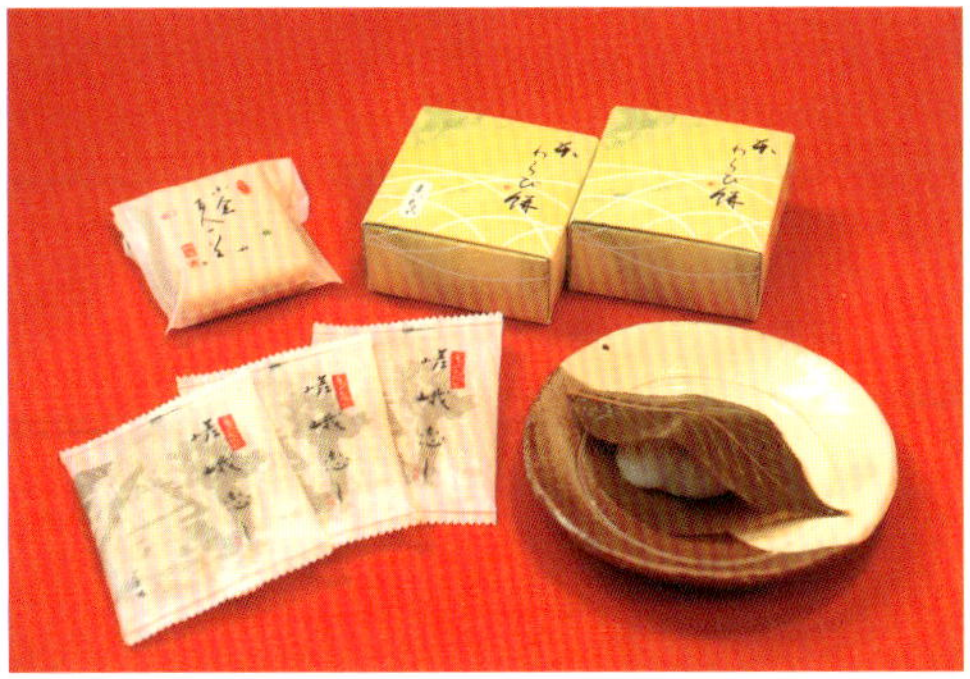

鶴屋寿さんのお菓子は、どれもおいしい。

FoodsBar 栞屋（しおりや）

こちらは、京都市伏見区にある、
Foods Bar 栞屋。
ちょっと変わった看板や、
コンクリートの打ちっぱなしの
外観がとてもおしゃれなお店。
おいしいお酒など、たのしめる。
ここのお店のロゴや、店内の
作品を手がけている。

店内の中央に「琹」の作品。畳2枚分の大きさがある。

廊下の壁に飾られているのは、大原竹紙を使った抽象水墨画。朝日新聞社賞を受賞した作品。

レストラン むとう

京都市下京区にある、２００７年
春にオープンしたばかりの
居心地のよい、フレンチレストラン。
こちらのお店のロゴが私の書。
洋風のお店に和風の書が融合すると
こんなにも魅力的になる。

お店入り口の看板。

レトロな外灯に書がマッチする。

よく見ると、
こんなところにも私の書作が。

書のある風景―お酒

時には、こんなおもしろいことにも挑戦する。
書をお酒のラベルとして使えば、大人の雰囲気をかもし出し、
違った魅力が見えてくる。さすが京都の伏見のお酒だ。

月の桂という酒屋さんの酒蔵で。

歴史のある酒蔵、月の桂。

お酒のラベルには、右:「一期一会」左:「おおきに」。

書のある風景―民家

京都市伏見区のHさん宅。
新築早々のご自宅には、
私の書作がたくさん飾られている。
書のインテリアとでも
呼んでみようか。

「一期一会」と自作の照明。

ダイニングにもさりげなく「愛」。

こちらは、京都市北区のNさん宅の玄関。
こちらでも、作品を飾っていただいている。
飾り方、光の当て方によって、
作品の味わいはまた変化する。
京西陣の帯を使った書作タペストリーも、
このお宅によく合っている。

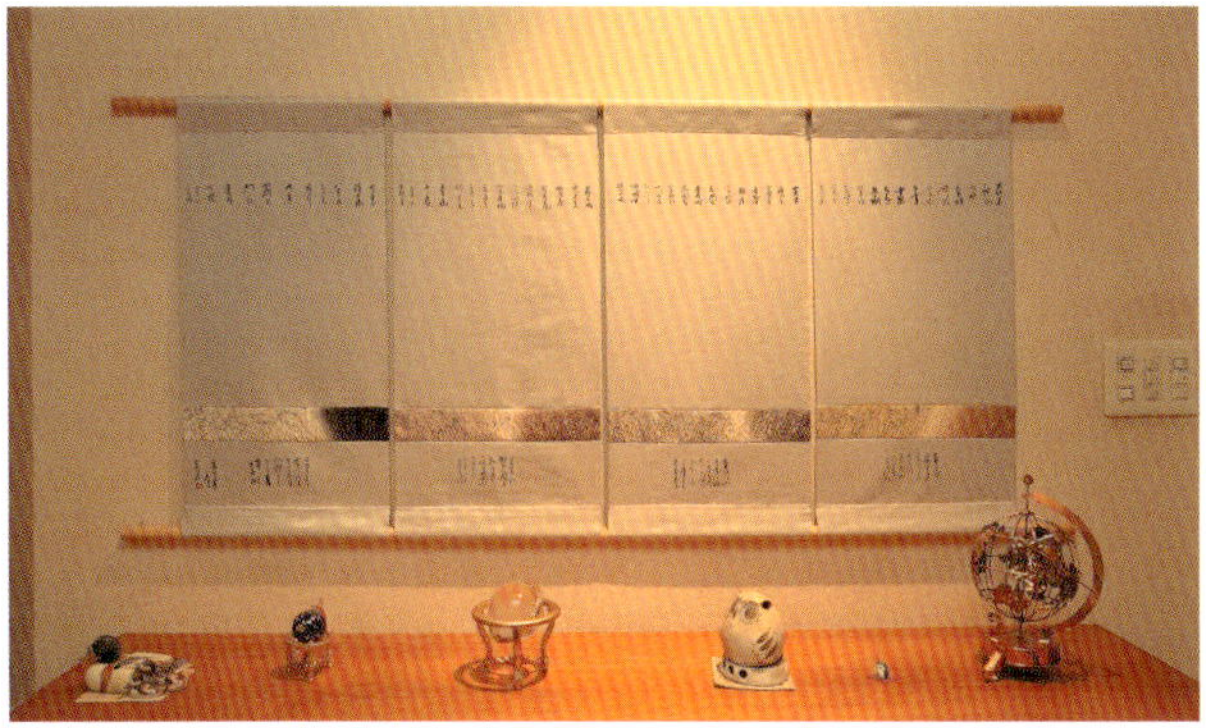

壁に飾っていただいている、書作タペストリー。
ポイントに使った京西陣の帯が、書作に彩りを加えている。

花

「花」書

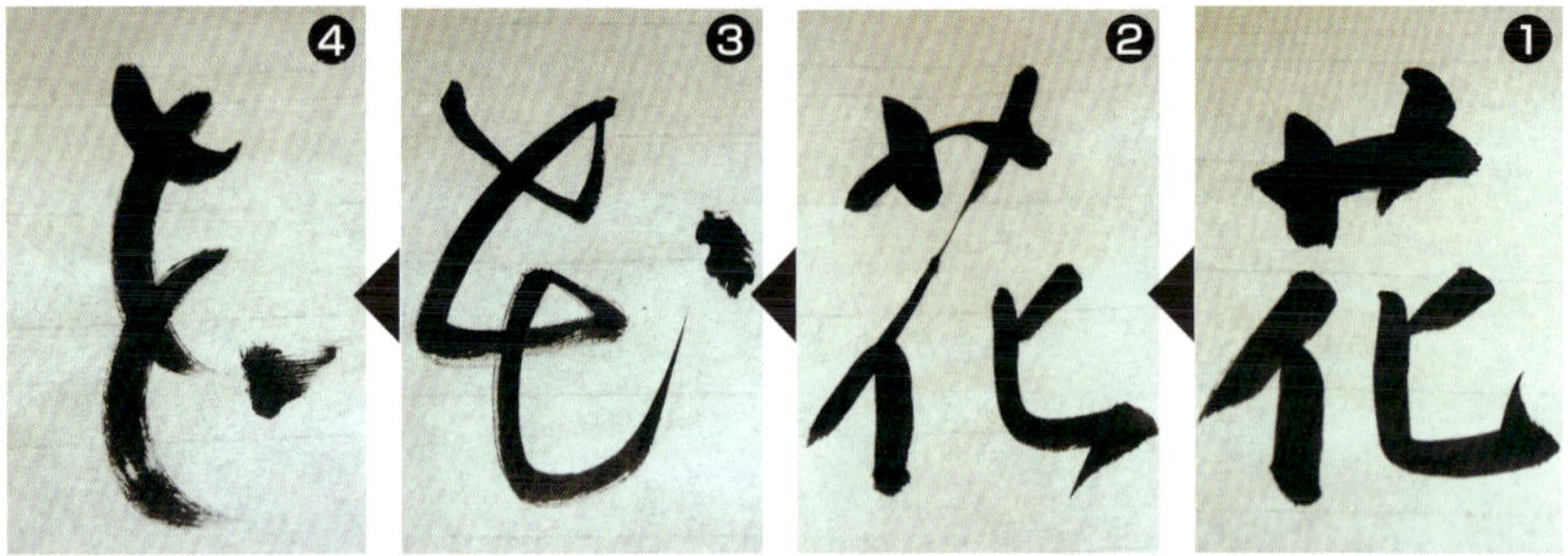

この様に、「花」という文字を草書にし、デザイン化して様々な作品を生みだした。

「花」きもの

花という一文字から、書を超えて、
こんなにも創作の幅は広がる。

「花」のデザインを使って作られたきもの。

「花」のデザインを使ったしゃれ袋帯。

灯り

「心」

「聖書コリントの一節より」

「いけずしたらあかんぇ」

糸巻き枠と、自作の大原竹紙を使って、
照明器具に仕上げたもの。
竹の繊維が見えて、「温もりの書」として
人の心をあたたかくする、ほっこり作品。

おわりに

本書では、私がこの十年間に取材し、リポートしたものやコラム・エッセイなどを集約しました。しかしこの限られた中から、京の文化・書・菁花をどれだけ理解していただけたのか心配です。

私たち京都人はいつも親から、「ちゃんとせなあかんぇ」とばかり言われてきました。「何をちゃんとせなあかんにゃろ」と幼きころはわかりませんでした。今、やっとぼちぼちわかってきたような気がします。ひとつ、今まで親から教えられた日常生活、一般常識を思い出すこと、ふたつ、それらを守ること。みっつ、今の世に合うように自分でそれらを改革すること。狭い狭い京都（旧京都市街）。みんながどこかから見ています。いや、見張っています。その緊張感が、われわれの京都を支えてきたのではないでしょうか。

また、われわれ京都人が考える常識の物さしと、他区域からやって来る人の物さしとは、どうも寸法が異なるようです。しかし、その違いが京都人なのです。その京の町衆によって守られてきたのが京都なのです。「いとをかし」京の街、人・文化をこの本から少しでも知っていただければと思い、ペンを執りました。

私にとりましても初めての出版で、これらの取材に協力して下さった皆さん、また、ぎゃらりぃおくむらでの出逢いから出版に導いて下さった中村喜久治氏、立脇満洋氏。駒草出版の井上弘治社長、そして一同の皆さんに深く感謝し、お礼を申し上げます。

そして、読者の皆さんからのアンコールがいただけるように、健康に留意し、今後の活動をしてゆきたく存じます。製作にあたり、幸せな一年でした、ありがとうございました。

平成十九年 九月吉日　京都・大原にて　清水 菁花

参考・引用

情報誌『フルフル』フルフル運営委員会

『きものインターネットクラブ』（インターネット）京都和装産業振興財団

『ラジオあさいちばん』ＮＨＫ

著者プロフィール

清水　菁花　（しみず　せいか）

書家。

京都生まれ。京都在住。書家として様々な活動をする傍ら、ＮＨＫラジオ京都リポーターとして、京都のホットな情報を全国・海外に伝え、講演会などでも活躍している。また、きもの愛好家代表、日本ペンクラブ会員などとしても幅広い活動を展開。現在は、東京・八重洲の京都館で書道の指導を通じて京都の文化を伝えている。現代の人々に京都の古き良き文化を伝えるため、京都・大原を拠点に、活動の幅を広げている。

ホームページ「一期一会」　http://sseika.com/

〈撮影〉

林 里嘉子（ブルーベアプランニング）
濱崎 祐（有限会社アールランド）
北村 義郎

〈協力・提供〉

葵（嵐山豆腐）
NHK
大原小・中学校
確実屋
角田香勢園
有限会社 京丹後ふるさと農園
京都館（京都産業振興センター）
京都ブライトンホテル
財団法人 京都和装産業振興財団
Foods Bar 栞屋
十輪寺
月の桂（株式会社増田徳兵衛商店）
御菓子司 鶴屋寿
財団法人 西陣織振興工業組合
野田工芸
柊家旅館
株式会社 扶桑社
プラッツ
フルフル運営委員会（株式会社 カオス）
レストラン むとう
リーガロイヤルホテル京都
（五十音順）

ちゃんとせなあかんぇ

2007年9月25日 初版発行
著　者　清水 菁花
発行者　井上 弘治
発行所　駒草出版株式会社
〒110-0016
東京都台東区台東1-7-2秋州ビル2F
TEL:03-3834-9087
FAX:03-3831-8885
http://www.dank.co.jp/top_komakusa.html

印刷・製本　株式会社ソオエイ

ISBN978-4-903186-50-4 C0076